丛书主编 乔耀章

本书受江苏苏禾社会治理现代化研究院和江苏省优势学科"政治学"资助

本书为教育部人文社会科学重点研究基地苏州大学中国特色城镇化研究中心、苏州大学新型城镇化与社会治理协同创新中心、苏州大学优秀创新团队"地方政府与社会治理"和国家级一流本科行政管理专业建设点的阶段性研究成果

新时代古城善治

国家历史文化名城治理的苏州实践

主　编　周义程　咸鸣霞
副主编　江　珂　李嘉宁　高彦娇

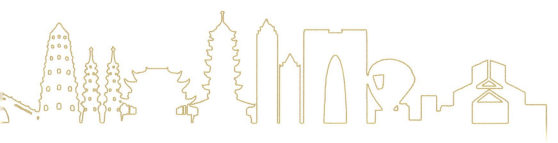

苏州大学出版社
Soochow University Press

图书在版编目(CIP)数据

新时代古城善治：国家历史文化名城治理的苏州实践 / 周义程，咸鸣霞主编. -- 苏州：苏州大学出版社，2023.10
(东吴政治学·城乡治理论丛 / 乔耀章主编)
ISBN 978-7-5672-4585-3

Ⅰ.①新… Ⅱ.①周… ②咸… Ⅲ.①文化名城－城市管理－研究－苏州 Ⅳ.①F299.275.33

中国国家版本馆CIP数据核字(2023)第207502号

书　　名：	新时代古城善治
	——国家历史文化名城治理的苏州实践
	Xinshidai Gucheng Shanzhi
	——Guojia Lishi Wenhua Mingcheng Zhili De Suzhou Shijian
主　　编：	周义程　咸鸣霞
责任编辑：	王　亮
装帧设计：	吴　钰
出版发行：	苏州大学出版社(Soochow University Press)
社　　址：	苏州市十梓街1号　邮编：215006
印　　刷：	苏州工业园区美柯乐制版印务有限责任公司
邮购热线：	0512-67480030
销售热线：	0512-67481020
开　　本：	718 mm×1 000 mm　1/16　印张：11.75　字数：201千
版　　次：	2023年10月第1版
印　　次：	2023年10月第1次印刷
书　　号：	ISBN 978-7-5672-4585-3
定　　价：	88.00元

图书若有印装错误，本社负责调换
苏州大学出版社营销部　电话：0512-67481020
苏州大学出版社网址　http://www.sudapress.com
苏州大学出版社邮箱　sdcbs@suda.edu.cn

本书由江苏苏禾社会治理现代化研究院策划

《新时代古城善治》编委会

主　任　张跃进　孙建雄　殷建国

副主任　钟鸣苏　张季峰　石中炜

编　委　（按姓氏笔画排序）

仲　丽　江　珂　吴云云　李嘉宁

宋清华　张奕雯　周　晨　周义程

咸鸣霞　高　钟　高彦娇　曹　勇

梁　茹　鲍谧清

序 言

历史文化是城市的灵魂,处理好城市改造开发和历史文化遗产保护利用的关系是每一个历史文化名城均应予以回应的新时代问题。苏州于1982年入选第一批国家历史文化名城,2014年荣获"李光耀世界城市奖",2018年被世界遗产城市组织授予全球首个"世界遗产典范城市"称号,2021年入选全国首批城市更新试点城市……站在城市存量转型与高质量发展的历史交汇点,苏州在历史文化名城保护和城市更新试点上做出了积极的开拓性探索,努力打造历史文化名城治理的示范样本。作为全国唯一国家历史文化名城保护示范区,姑苏区坐拥苏州古城保护与发展的双重基因,姑苏区有条件、有义务,更有责任扎实推进古城存量更新、社会治理和高质量发展工作。

中国特色社会主义进入新时代,以党的十八大以来全方位、开创性的成就和深层次、根本性变革为现实根据,标志着我国发展新的历史方位。习近平总书记在党的二十大报告中指出,新时代十年的伟大变革,在党史、新中国史、改革开放史、社会主义发展史、中华民族发展史上具有里程碑意义。2022年,正值苏州国家历史文化名城保护区设立十周年,十年艰辛探索、艰苦创业,苏州国家历史文化名城保护区走出了一条趋于成形的古城保护与发展的"姑苏道路"。全方位、系统性地为苏州国家历史文化名城保护区的发展工作梳理、总结典型案例与经验,既有助于为苏州国家历史文化名城保护区的下一个十年积蓄力量,也有利于为我国历史文化名城寻找到一条保护与发展协同推进的道路。

苏州国家历史文化名城治理与普遍意义上的推进新型城镇化战略有所不同,"戴着脚镣跳舞"便是在推进现代化进程的同时全面保护与有机更新的生动示意。两岸铺长卷,椽笔绘宏图。十年来,苏州国家历史文化名城保护区在习近平新时代中国特色社会主义思想的指引下,充分利用时代馈赠的区域优势,积极探索历史文化名城治理新路，完成了一幅古城历史文化风貌与社会主义现代化最美窗口交相辉映的"双面绣"。徐徐展开这幅作品，"民主治理""数字治理""社会治理""生态治理"等内容逐一呈现，苏州国家历史文化名城发展的善治之路已然铺就。

十年磨一剑，利刃开新篇。本书的第一部分，以总论的形式系统总结了苏州国家历史文化名城保护区成立以来的标志性成果、基本经验、掣肘因素与优化路径。在标志性成果呈现方面，分别从城市保护更新、文化品牌打造、经济优化提升、民生福祉推进和社会综合治理等方面予以展开。在此基础上，总结政治聚力、法治助力、制度推力、自治发力和智治借力的"五力"基本经验。然而，在快速发展、取得成绩的同时，苏州国家历史文化名城治理受到保护区承担职能较为多样、保护区承载容量相对有限、保护区外围建设亟须规约、保护区治理体制不够顺畅、保护区治理机制需要完善和保护区治理水平有待提升等多重发展掣肘。面对治理的新问题、新困境，苏州各级各部门应从政策法规、体制机制、服务管理、资金保障等方面同向发力，因势而谋，应势而动，高质量推进国家历史文化名城保护区建设。

讲好苏州故事，成在谋篇布局，唤起世界对于千年姑苏的向往。在案例选取上，本研究团队深入调研姑苏区八个街道，分别选取苏锦街道"逢四说事"民主协商平台和政社互动的"能人库"、沧浪街道和金阊街道的数字化治理平台、吴门桥街道的"法助民主自治"项目、白洋湾街道社区民俗文化建设、虎丘街道垃圾分类环境治理、双塔街道老旧"微小区""共享物业"、双塔街道的"网红市集"等治理案例。在全区一盘棋推进社会治理实践上，本研究团队主要聚焦并选取"社情民意联系日""城市运行联动指挥中心""人民调解的集成治理机制""古城养老""社会组织联动""河道治理"等全域一盘棋治理的关键领域，努力打造社会治理最美窗口的最靓风景。

激活千年古城，贵在突出重围，打造更具示范性的名城保护样板。古城保护与发展视域下，在统筹保护、利用与发展之间的张力关系处理上，姑苏区的建设思路和落实方案是怎样的？社会治理作为名城保护与发展不容忽视的重要方面，是本次实践调研和案例撰写的突破口与着力点。在探索名城保护中社会治理领域的边界与外延的过程中，本研究团队调研发现"民主""民生""数字""治理""文化""生态"等关键词串联成"姑苏道路"的最佳注解，为苏州"双面绣"城市的内核发展与古城保护更新的行进脉络厚植治理基因、勾勒文化底色；并进一步从"民主治理""数字治理""社会治理""生态治理"等视角，对姑苏保护与开发齐头并进的历史画卷展开写意性描摹与刻画。

第一，民主治理是绘就姑苏历史画卷的精神内核。在"民主治理篇"，选取姑苏区广泛推进的"社情民意联系日"实践及衍生的苏锦街道"逢四说事"民主协商平台构建、姑苏区人民调解机制及衍生的吴门桥街道"法助民主自治"项目作为典型案例。从宏观顶层规划和微观基层实践展开，打通民主社会治理的"最后一公里"。通过创新社区议事活动形式，凝聚社区居民智慧，同时充分调动社区居民能动性，多措并举改善社区人居环境，提升社区人文关怀水平；打造"三调联动+司法确认"的官方调解机制，政府购买法律服务并嵌入社区治理，形成了政府与其他社会力量双向互动的"集成治理"新模式，为基层社会治理提供了新的解纷思路，也为中国之治提供了地方经验。

第二，数字治理是绘就姑苏历史画卷的技术支撑。在"数字治理篇"，选取姑苏区全域推行的城市运行联动指挥中心及由沧浪街道发起并引起广泛示范效应的"好管家"项目作为典型案例。以数据为墨、智能作笔的全新姑苏繁华图卷正实时呈现于"一屏观全局，一网管全区"的城市运行联动指挥平台之上；"好管家"不仅是基层系统实践平台，更是在自上而下的管理思维和自下而上的服务思维有机结合基础上的模式创新。在传承发展古城文化的过程中，数字治理塑造了社区精细化治理的"苏式生活"典范，彰显了历久弥新的时代价值与实践意蕴。

第三，社会治理是绘就姑苏历史画卷的实景切片。在"社会治理篇"，选取养老、文化等重要治理领域，老旧小区、市集等重点治理对象，社会组织、社区能人等关键治理力量，探讨古城保护与治理困境化解中的基层创新与实践智慧。

（1）在重要治理领域上，聚焦为老服务对象多、服务需求多样、养老资源分散、空间资源紧张等问题，姑苏区以老年友好型社区建设为抓手，重点发展社区枢纽型综合为老服务中心，探索打造以"家门内—楼道口—大社区"为主体结构的多层次适老化服务体系，实现老年人"原居安老"的夙愿；将民俗文化融入社区治理，通过民俗资源的市场参与提升经济效益，实现生产性保护与保护性开发的和谐统一，促进社区文化认同的构建。

（2）在重点治理对象上，姑苏区针对老旧"微小区"处于长期物业失管状态，引入"共享物业"新模式，打造"共享车位""共享绿地""共享议事厅"等多方面阵地，实现资源共享、服务共享、双向互助。市集作为古城生活的载体，是城市更新与古城保护发展中卫生环境整治的重点治理对象。双塔市集在保留原有建筑功能的基础上，融入苏式元素和时尚元素，打造更加多元的生活空间，既延续了建筑传统功能，又满足了当下人们对品质生活的需求。

（3）在关键治理力量整合上，社会组织和社区能人发挥着不可或缺的治理效能。苏州指尖秀非遗文化园、善爱手语公益服务中心、桂花公益坊等社会组织唤起了多主体的社会治理活力；苏锦街道"能人库"扩大了社区自治的力量，激发了社区公共服务、生活服务、社会服务、志愿服务等四大社区服务方式、内容与效能的重构……古城中的社会组织出身古城，也服务于古城。社会组织和社区能人主体动能的激发，进一步推动了国家与社会关系的根本性变革，国家将原本属于社会的权力归还社会。

第四，生态治理是绘就姑苏历史画卷的底色保障。在"生态治理篇"，主要选取河道治理和垃圾分类治理两类案例，守护古城生态水韵，擦亮文化名城底色。以水系情，深掘历史河道的文化内涵与功能价值，延续千年水城格局；以水护城，通过水岸同治的方式恢复水巷传统风貌，保护生态人文环境；以水为媒，文旅融合推动文化产业发展，助力打响"江南文化"品牌。垃圾分类治理的"指尖文明"，从细化推进、普遍认同到全民参与、形成自觉，构建起垃圾分类的环境治理共同体，刻画出"人人有责、人人尽责、人人享有"的现实图景。

古城善治是新时代在中国共产党坚强领导下的苏州现代化发展道路上的"苏州经验"，更是中国人民为解决人类面临的共同问题供给更多更好的中国智慧、中国方案、中国力量的地方性实践选择之一。在新时代社会发展与进步的背景下，苏州的历史文化名城保护工作在过去十年中以全面的名城保护观为指导，并将在下一个阶段持续探索发挥历史文化名城优势的建设思路与落实方案。未来，我们可以期待苏州国家历史文化名城保护区、姑苏区将奋力打造更具示范性的城市更新样板，持续擦亮国家历史文化名城保护区金字招牌。

本书是苏州国家历史文化名城保护区建区十周年课题的研究成果。在

本书撰写和案例调研过程中，周义程教授负责全书的整体布局、调研点和调研案例的选取及部分章节的撰写工作，咸鸣霞博士负责部分章节的撰写和全书资料的整合工作。全书统稿由周义程和咸鸣霞共同完成，江珂、李嘉宁、高彦娇做了一些辅助性工作。本书的具体撰写分工情况如下：序言，咸鸣霞、江珂；总论篇，周义程、殷建国；案例1，周义程；案例2，黄新宇；案例3，李嘉宁、王畅琳子；案例4，高彦娇；案例5，吴云云；案例6，咸鸣霞；案例7，孙莎莎；案例8，李嘉宁；案例9，韩照婷；案例10，梁茹；案例11，王华凤；案例12，张奕雯；案例13，江珂；案例14，张京唐。

本书历时一年有余得以付梓，得到了来自各方的支持与帮助（包括但不限于列举出的单位、部门及同志）：感谢江苏苏禾社会治理现代化研究院提供的课题合作研究的机会，这是本书得以诞生的最重要也最关键的契机，尤其感谢张跃进、孙建雄、曹勇、殷建国、钟鸣苏、张季峰、石中炜、宋清华、仲丽、高钟、鲍谧清、周晨等为课题总体策划、研究提纲拟订、课题调研推进、调研报告和实践案例的撰写及修改完善等付出的辛勤汗水和提供的智力支持。感谢苏州市姑苏区政法委在课题调研过程中提供的诸多协调与帮助，感谢我们实地调研和集中访谈时各个街道的领导和同人的大力支持与配合，感谢平江街道、沧浪街道、金阊街道、双塔街道、苏锦街道、虎丘街道、吴门桥街道、白洋湾街道参加调研和后续提供宝贵资料的相关同志，也对你们在基层岗位的默默坚守和无私付出致以崇高的敬意。同时，本书还参考了学界同人和新闻媒体工作者的相关成果，在此一并致谢。

当然，由于调研时间和课题组研究水平有限，在典型案例的选取和呈现上，本书可能还存在诸多不尽如人意的地方，敬请各位专家学者、领导同志、广大读者批评指正。

编　者
2023年8月

目 录

总论篇 ... 001
苏州国家历史文化名城开辟治理新路 ... 003

民主治理篇 ... 019

案例 1 听民声、察民情、解民忧、聚民心
　　——社情民意联系日的姑苏实践 ... 021

案例 2 有事就"逢四说事"
　　——苏锦街道"逢四说事"民主协商平台的探索实践 ... 028

案例 3 群体性纠纷的"救生艇"
　　——姑苏区人民调解的集成治理机制 ... 036

案例 4 以"法助民主自治"打造社区治理新引擎
　　——吴门桥街道的实践探索 ... 046

数字治理篇 ... 059

案例 5 数字助力千年古城"慧"与"惠"
　　——姑苏区城市运行联动指挥中心管窥 ... 061

案例 6 姑苏"好管家"履职记
　　——沧浪街道数字化治理平台实践与推广 ... 074

社会治理篇 ... 085

案例 7 拥抱夕阳红
　　——古城养老的幸福之道 ... 087

案例 8　打破围墙，筑起幸福
　　——双塔街道老旧"微小区""共享物业"的探索之路 …… 098

案例 9　姑苏城里的别样烟火气
　　——双塔市集的前世今生 ……………………………… 109

案例 10　一缕花香传千年
　　——白洋湾街道社区民俗文化建设探索 ……………… 119

案例 11　特殊的"卫城者"
　　——古城中的社会组织卫城记 ………………………… 129

案例 12　政社互动的红丝带
　　——苏锦街道"能人库"的探索与实践 ………………… 141

生态治理篇 ……………………………………………………… 149

案例 13　立足双棋盘格局做活"水文章"
　　——姑苏区一盘棋推进河道治理的成功实践 ………… 151

案例 14　众人的垃圾众人分
　　——虎丘街道环境治理的创新探索 …………………… 165

总论篇

苏州国家历史文化名城开辟治理新路

2022年是苏州获批国家历史文化名城四十周年，也是全国首个且唯一的国家历史文化名城保护区、姑苏区成立十周年。十年来，苏州国家历史文化名城保护区在习近平新时代中国特色社会主义思想的指引下，践行新发展理念，融入新发展格局，积极探索历史文化名城治理新路，持续推动城市的更新与发展、文化的传承与光大、经济的优化与提升、生态的保护与改善、社会的文明与进步，为历史文化名城的治理提供了示范样本。本篇旨在总结苏州国家历史文化名城保护区治理的成功实践，剖析问题、不足和瓶颈障碍，提出优化发展的对策建议。

一、苏州国家历史文化名城治理的标志性成果

十年来，苏州国家历史文化名城保护区将城市保护更新与打造苏式宜居生活相结合，着力破解制约古城保护更新的重点难点问题、涉及社会治理的热点堵点问题，积极作为、真抓实干，不断满足人民日益增长的美好生活需要，奋力推动各项事业取得历史性成就。

1. 统筹保护更新推进治理

推动《苏州国家历史文化名城保护条例》等法规出台施行，古城54个街坊控规修编和40个街坊城市设计编制完成。苏州成功入选全国21个城市（区）第一批城市更新试点城市和第三批"城市修补、生态修复（双修）"试点城市。姑苏区作为苏州城市更新的试点区域之一，大力开展古城保护更新、平江片区重点功能区更新改造、32号街坊改造提升和大公园片区改造提升工作。积极探索古建老宅、传统民居等资源更新利用新路径，依托古典园林和古建老宅，打造诸如苏州文旅花间堂·探花府酒店等精品酒店。正式发布《古建老宅活化利用白皮书》《古建老宅活化利用蓝皮书》，梳理总结一批活化利用经典案例，系统总结活化利用做法经验，发挥典型案例示范带动效应，把优秀的文物建筑打造成为传播与展示

江南文化的重要载体。实施名人记忆延续项目,通过后人寻访、居民走访、古籍查阅等多种途径开展历史名人文化梳理,形成丰富的文字、图片和视频资料。完成曹沧洲祠、沈瓞民故居等10处名人故居的文化展示,在吴一鹏故居玉涵堂设立苏州生肖邮票博物馆,在玉涵堂西二路设立姑苏运河文化展示馆,以运河文化为纽带,把非物质文化遗产巧妙地融入文物建筑。"苏州国家历史文化名城保护研究院""文化名家单霁翔工作室"挂牌成立,与上海戏剧学院等高校开展文化合作,"吴地端午""石湖串月"品牌深入人心,沉浸式昆曲《浮生六记》等一批特色文旅产品深受群众青睐。

2. 赓续历史文化推进治理

深化博物馆城建设,打造"一城百馆,博物苏州"品牌。举办在长三角地区有影响的综合性文化艺术节庆活动,实施"最江南·公共文化特色空间"计划,策划江南文化艺术"街巷小品"。推进"江南小剧场"建设,推动评弹、昆曲等地方特色文化进酒店、进景区、进特色街区。弘扬苏州园林文化,深化"百园之城"建设,策划"一园一品""阅读阅美""江南好"园林雅集、"江南月""拙政问雅"园林夜游等项目。加强江南园林文化开放性交流,积极参展国内外园林博览会,持续推动苏州园林文化"走出去"。振兴苏式传统工艺,做强联合国"手工艺与民间艺术之都"品牌,擦亮"苏工苏作"金字招牌。实施"故宫苏作工艺重振计划",加强苏作品牌建设。推进桃花坞木版年画博物馆、山塘街玉涵堂运河文化展示馆建设,打造苏州西北街"中国扇街"特色文化街区,建成"江南丝竹艺术家会客厅"。推出"名城·名人·名校"联动项目,开展名人展览、公教、研学等特色文化活动,释放名人文化综合效应。围绕吴门画派代表人物,出版吴门画派相关书籍,建立数据库,打造"吴门画派数字特展"。开展大运河文化带建设计划,举办大运河姑苏民俗文化旅游节、姑苏非遗宣传周等活动,创建大运河国家文化公园。开展水上游开发升级计划,推出以"水上游+"为代表的古城深度游产品和特色文创产品,实现世界文化遗产、滨水景观风貌、水乡风俗民情、现代商业载体串珠成链。

3. 集聚资源优势推进治理

盘活闲置资源载体,探索以生产线研发为主的新型产业用地(M0)"姑苏路径",加大对存量土地的开发、盘活、利用。探索制定配套政策和成立商住储备中心，鼓励市场主体、不动产产权人、金融机构多途径筹集城市更新改造资金，创新直管公房交易模式，加快盘活古城房屋资源。围绕古城保护未来发展需要，积极开展科技服务、文化创意等领域招商，严控招商产业形态和亩均产出，积极向上争取更多土地出让指标，提高开发强度。加快推进闲置载体盘活和产业园楼宇质效提升，深化分级分类管理，做优存量资源，做大增量资源，不断提高利用效率。推动产业转型升级，以平江路、临顿路为核心，串联观前街、仓街、大儒巷等6条特色街巷，引入以公共交通为导向的开发（TOD）项目，构建"两纵多横"苏式生活体验街区。打造古城全域文化旅游名片，依托古典园林、大运河、昆曲等世界文化遗产资源，完整展现古城历史文化价值；将吃、住、行、游、购、娱六要素全方位融入景观营造、绿化提升、交通组织、消费场景、旅游线路，营造古城"最江南的苏式生活体验"氛围；做精苏帮菜老字号美食，推出有创意、有特色、有销量的旅游商品，创设文化艺术赋能的特色咖啡店、书店、餐馆、美术馆、博物馆等消费场景，开发体现文旅融合特色的网红打卡地，将古城建设成为极具江南文化魅力的世界级旅游景区。采用"绣花""织补"等微改造方式，不断扮靓城市家居，补足公共服务设施短板。借鉴先进地区经验，探索成立文化产权交易所，加快实现古建文化资源的价值变现和资产增值。开展文化产业倍增、重大文化设施场馆建设、高端精品酒店和高端精品民宿打造计划，规上文化企业在库数量超200家，文化产业贡献实现翻番。打造城市更新重点项目，高标准建设展现深厚文化底蕴、魅力城市形象的"最苏州"景观大道，不断提升古城辨识度。用好古建老宅活化利用"蓝皮书""白皮书"，鼓励上市公司等优质市场主体积极参与古城保护更新，吸引更多优质资源集聚。充分发挥国家开发银行、"姑苏·古城保护与发展基金"作用，盘活财政存量资金，撬动更多社会资本参与，打造五卅路子城片区、山塘四期等一批重点片区更新改造的样板工程。

4. 保障民生福祉推进治理

开展社情民意联系日活动，严格按照"每月第二个星期日""169个社区固定地点全面开展""领导干部全体参与""与群众面对面交流"的要求推进相关工作。仅2022年1—8月，全区党员干部、人大代表、政协委员就累计分赴社区3 728人次，接待居民群众4 779位，收集问题诉求2 616件，听取意见、建议2 416件，累计解决或答复4 200余件，切实起到了"听民声、察民情、解民忧、聚民心"的作用。实施危旧房解危工程，完成208个老旧小区改造，惠及居民16.3万户，老旧小区改造居民满意度位居全国试点城市首位。建立老旧小区隐患清单，制定《姑苏区老旧小区消防安全提升指导意见》，切实提升老旧小区消防安全防控水平。高标准推进城中村清零计划，稳步实现城中村项目清零目标。扎实开展"靓丽姑苏"拆违治乱、净美街巷、架空线整治入地等工作，2022年完成60万平方米拆违、50个无违建示范区和80条无违建示范路的创建、200条街巷架空线整治入地，中心城区主次干道架空线入地率已从52%提升至77%，支路街巷架空线入地率已从基本为零提升至20%。精细化打造城市公共空间，"画龙点睛式"植入城市主题式景观小品，推动老旧小区改造与美丽宜居住区、美丽宜居街区整体塑造和联动提升。加快推进"厕所革命"，推行"厕所开放联盟"，全区"厕所开放联盟"数量已达905家。推进生活垃圾分类，在街道层面建立垃圾分类工作专班，全区486个小区全部实行"三定一督"。系统恢复历史河道水网，保存修复河道沿线文化遗存，重现"水陆并行、河街相邻"的古城风貌，提升"东方水城"独特魅力和持久活力。持续开展绿化和景观提升行动，改造升级40条主干道，新建或改造51个口袋公园，完成4条古巷沿线绿化和景观提升、1个综合公园绿化、5条滨河绿地和4个城市出入口交通绿地建设。目前，公园绿地、广场步行15分钟覆盖率已达67.57%，公共绿地300—500米服务半径覆盖率已达90.46%。深挖"千年府学"文化内涵，做强做优"苏式教育"，先后获得"全国社区教育示范区""江苏省教育现代化建设先进区"等荣誉称号。传承发展吴门医派，加快建设国家中医医学中心，促进医养深入融合。布局20个各具特色的综合为老服务中心，构建以综合为老服务中心为枢纽、普惠均衡的社区嵌入式养老服务体系，推动养老事业和养老产业繁荣发展。

5. 守护平安稳定推进治理

扎实推进平安姑苏、法治姑苏建设，治安、刑事案件数量大幅下降，扫黑除恶专项斗争实现"治本"目标，重要节点、敏感时期安保维稳工作圆满完成。开展平安企业、平安校园、平安市场、平安医院、平安铁路等系列平安创建活动，形成条块结合、上下联动、平安共创的良好局面。按照"结合实际、尊重传统、条线网格全统一、网格区域全覆盖"的要求，将综治、民政、公安、消防、安监、城管等部门的条线单一网格整合划分为综合网格,同时合理划分街道、村(社区)和片区三级网格,做到横向到边、纵向到底,实现服务管理全覆盖。健全完善区、街道两级社会矛盾纠纷调处化解中心和社区矛盾纠纷调处化解工作站有序联动的体制机制。深入开展"三调联动"工作,充分整合人民调解、行政调解、司法调解资源,排查和受理矛盾纠纷调处成功率达100%,双塔街道人民调解委员会获评"全国模范人民调解委员会"。筑牢"党政同责、一岗双责"安全生产责任,完善各级党委、政府责任体系,压实企业安全生产主体责任。组织开展"331"整治火灾隐患专项行动,实现火灾起数、亡人事故数连续大幅下降。开展"平安寄递"专项活动,严格落实实名收寄、收寄验视、过机安检"三个100%"制度。

二、苏州国家历史文化名城治理的基本经验

1. 坚持党建引领,实现政治聚力

一是党政领导高度重视。苏州市委、市政府认真贯彻落实习近平总书记关于保护历史文化名城系列重要论述,把古城保护和发展纳入党的建设和绩效考核重要内容,历任主要领导都高度重视古城的治理工作。江苏省省长、时任苏州市委书记许昆林强调,要带着深厚情怀去保护古城,充分认识到古城资源是苏州的"最亮特色和最靓品牌",真正把"古城保护"摆上第一要务。时任江苏省委常委、苏州市委书记曹路宝指出,要把古城作为一个整体进行系统研究保护,永葆敬畏之心;要坚持问题导向,强化"落地落实"关键举措,将苏州打造成一座善治之城。苏州市市长吴庆文认为,古城保护和发展是百年大计、千年大计,把古城的历史保护好、传承好对苏州来说有特殊的重要意义。正因为党政主要领导一以贯之的重视,所以苏州古城治理才能做到"一张蓝图绘到底"。

二是构建区域化党建新格局。为切实加强古城治理,姑苏区以区域化视角推进基层党建工作,使组织覆盖和管理服务延伸到城市基层的"神经末梢",通过建设区域党建工作站、党建工作网格,有效打通基层党建"最后一公里"。构建以街道为"一线指挥部",区域党建工作站、社区党委为"枢纽","行动支部"为"战斗堡垒"的三级架构,形成党委统一领导、活动统筹开展、资源统配使用的古城治理联动格局。

三是完善党建引领治理项目化推进机制。区委层面实施党建创新重点项目,街道层面实施基层党建"书记项目",社区层面实施社区"第一书

记"年度项目，引领基层党组织和广大党员干部以清单式、任务化方式联系服务群众。全面推广"行动支部"工作模式，打造以古城保护为目标的"行动支部"42个、以为民服务为方向的"行动支部"136个、以基层治理为重点的"行动支部"78个，充分发挥党支部在古城保护、综合执法、安全生产等领域的积极作用。

2. 坚持规划先行，推动法治助力

一是着力构建古城保护规划体系。苏州市和姑苏区历届政府始终坚持规划先行原则，科学编制规划，严格执行规划，形成了国内最系统、最完备的保护规划体系，出台了《苏州国家历史文化名城保护条例》《苏州古城墙保护条例》《苏州市历史建筑保护利用试点工作方案》《姑苏区城市面貌提升三年行动计划（2023—2025）》《保护区、姑苏区三年系列行动计划（2023—2025年）》《苏州历史文化名城保护专项规划（2035）》《苏州历史文化名城保护提升"1+11"方案》《苏州市传统建筑和古建筑保护更新与修缮利用工程实施意见》《保护区、姑苏区古城墙保护实施意见（试行）》等一系列古城保护法规政策。

二是系统谋划社会治理现代化规划工作。出台《苏州市"十四五"城乡社区治理与服务规划》《苏州市争创市域社会治理现代化示范城市三年行动计划（2020—2022年）》《苏州市市域社会治理现代化试点工作方案》《苏州市市域社会治理现代化"八心工程"40+项目实施意见》《苏州市市域社会治理现代化试点工作指引3.0版》《苏州市市域社会治理现代化评价指标体系项目表》《关于加强基层"三治"融合发展的实施意见》《全面提升社区治理和服务能力三年行动计划（2023—2025年）》《关于加快推进城乡社区治理现代化的意见》《全面推进城乡社区治理现代化的行动计划》《关于全面推进社区服务社会化试点方案》《关于进一步加强全区网格化管理的指导意见》《关于进一步规范社区工作事项提升社区服务效能的意见（试行）》等社会治理政策文件，从组织架构、工作规划、工作体系、工作方案、行动计划等方面把市域社会治理现代化纳入全面建成小康社会和率先开启社会主义现代化新征程的"一盘棋"大局。

3. 坚持机制创新，形成制度推力

一是完善古城保护更新领导机制。成立保护更新工作最高决策和议事协调机构——苏州国家历史文化名城保护示范区工作领导小组，建立由市政府相关领导、市相关部门和姑苏区主要领导及职能部门处室等参与的苏州历史文化名城保护更新联席会议制度,健全姑苏区苏州国家历史文化名城保护示范区工作领导小组和项目工程指挥部等古城保护更新区级领导机构,并在街道层面设立历史文化片区管理办公室。

二是完善活化利用、动态保护机制。通过挖掘文物建筑的文化内涵、讲述地方名人故事等方式宣传弘扬"以文报国"的家国情怀,通过与社会力量进行战略合作、签订合作框架协议等途径推进街坊保护更新,通过打造精品园林酒店和"历史传承+传统产业创新升级+城市功能复活"的多元街区空间等举措来推进园林和街区的活化利用。每年研究确定一批历史文化名城保护项目,以项目化方式推进古城基础设施建设、历史文化遗迹保护修复、城中村整治改造、绿化和景观提升。

三是创新社会治理联动机制。建设市域社会治理现代化综合指挥平台,形成由一个核心联动指挥系统、四个基础业务模块、N个业务系统组成的"1+4+N"总体框架。推动区级社会综合治理联动机制建设,成立区委书记和区长担任组长的联动机制建设工作领导小组,出台区级社会综合治理联动机制建设工作方案,推进社区、社会组织、社会工作者、社区志愿者、社会慈善资源"五社联动"机制建设。

四是完善资金保障机制。按照"公益性项目财政保障,经营性项目市场化运作"原则分类建立资金筹措、保障机制。对于公益性及准公益性项目,科学划分市、区财政事权,并积极向上争取资金,形成稳定的财政投入机制。对于基本具备市场化经营条件的项目,支持企业与金融机构、本地企业与外地企业、国企与民企等开展合作,并设立产业支持发展基金,制定产业引导扶持政策。对于需要公共投入才能具备市场化经营条件的项目,通过建立资本金注入、财政补贴、奖励、贴息等政策机制和公益性功能财政投入机制,积累市场化经营的资源。对于城中村整治改造等特殊项目,采用一事一议方式筹措资金。

4. 坚持公众参与,保障自治发力

一是开创居民群众参与新机制。以"群众没有不满意"为工作目标,严格按照固定时间和固定地点全面组织开展"社情民意联系日"活动,所有领导干部都能与群众进行面对面交流,有效确保群众诉求得到及时回应,切实解决群众身边的"急难愁盼"问题。

二是打造居民参与新格局。采取聚合居民参与公共事务与管理的力量、拓宽居民参与社会治理的范围和发挥居民在基层社会治理中的主体作用等多种途径，以推广"居民自管小组"和探索"小单元治理"模式作为推进和完善居民自治机制的发力点，逐步探索"自我教育、自我管理、自我服务、自我监督、自我提升"的社会治理工作新格局。

三是推动平安志愿者参与。推行平安志愿者积分管理，完善平安志愿者积分管理制度的实施方案和相关平台研发，引导更多群众加入平安志愿者队伍，助推平安建设事业发展，基本形成体系完备、管理规范、运行高效、保障有力的平安志愿者队伍建设局面。

5. 坚持数字赋能，促进智治借力

一是数字化赋能古城保护。对保护区范围内的保护对象开展全要素信息采集，全方位摸清各类历史文化遗产资源底数，同步建成古城保护信息平台，创建古保对象档案，推进古城保护的技术创新和模式创新。

二是数字化赋能社会治理。建成城市生活服务总入口手机应用软件、数字化城市管理系统平台、智能空地视频综合应用系统、"一标多实"数据应用平台、"苏城存证"区块链公证服务平台、区应急管理综合应用管理平台、区房屋安全管理平台等多个数字平台。完善"人机互动"防控体系，推行监控补点项目，实现古城社会面和铁路沿线技防监控网全覆盖，推动政府、企业和社会各类视频监控资源的整合汇聚、授权共享。

三、苏州国家历史文化名城治理的掣肘因素

最近十年是苏州经济发展最快、城市面貌变化最大的时期，也是苏州国家历史文化名城保护力度最大的时期，城市发展中传统与现代、历史与现实、继承与保护、经济与文化等矛盾日渐凸显，相关部门须正视苏州国家历史文化名城治理面临的主要问题，谨慎处理古城保护与城市现代化的关系。

1. 国家历史文化名城保护区承担职能较为多样

经济建设是苏州国家历史文化名城保护区承担的重要职能。近年来，保护区新兴产业布局不断优化，但产业发展空间受限，产业后劲释放压力较大，主导产业支撑不足、头部企业不多、资源紧缺和利用低效并存、产业空间布局不合理、传统文化要素的产业转化能力不足、文旅新业态新消费引领力度不够等问题仍然存在。除了经济发展和产业转型，苏州国家历史文化名城保护区还承担着不少教育和医疗卫生服务职能。教育方面，保护区内中小学数量偏多，用地紧张，与国家生均 20 平方米用地标准差距

较大，不利于学校自身的发展。区域内教育资源分布不均衡，如古城区的7所小学基本都是老牌名校，实力非常雄厚，其他地方的优质教育资源则较为分散。医疗卫生方面，保护区内有苏州大学附属第一医院、苏州大学附属第二医院、苏州市立医院、苏州市中医医院等医院，是苏州优质医疗集聚区，大多数苏州居民还是习惯于在保护区内就医。由于承担职能多样，国家历史文化名城治理面临极大压力，不仅影响居住生活和旅游体验质量，也降低了国家历史文化名城的实际品质。

2. 国家历史文化名城保护区承载容量相对有限

人口的高度集中、机动车保有量的持续攀升和旅游业的发展突破了国家历史文化名城保护区的承受限度。从人口看，保护区是苏州的商业、文化、旅游中心，目前有常住人口90余万人，人流、车流、物流较为密集，给市政基础设施建设造成不小的压力。从交通看，保护区内路网的特点是街巷窄、密度高、桥梁多，行车视距普遍不足。为保持传统的河街相邻城市格局和空间尺度，保护区内的道路只能在有限的空间范围内提升通行能力。而苏州机动车保有量位居全省第一，私家车数量十年增长了15倍，高峰时段进出保护区的主要通道和重要节点严重拥堵，交通供需矛盾突出。此外，区域内居住配建车位约0.17个/户，远低于0.47辆/户的拥车水平，居民停车缺口较大。从旅游业看，到苏州旅游的众多游客中，相当一部分是来游览园林的，导致园林全年有三分之一的时间处于超负荷状态，客流量最高时超过饱和容量的10倍。而保护区内的古典园林原来多为私家花园，容量不大，巨大的客流量给保护区内园林和名胜古迹的建筑、设施、环境等带来不利影响，景观体验效果也大为下降。

3. 国家历史文化名城保护区外围建设亟须规约

水是苏州的灵魂，水在调节和改善城市小气候、美化城市环境，以及消防、蓄排水、防涝等方面都发挥着重要作用。而很长一段时期以来，由于乡镇经济粗放型发展，污水直接入河，还有不少河道被填埋，保护区外围生态环境遭受很大破坏。随着城市化进程的加快和城市用地的扩展，保护区内的水系也受到很大冲击。例如，20世纪90年代初，大运河苏州段改造工程完工后，保护区内水道进水量锐减47%，加之因防汛需要建立了许多泵闸，区域内的不少河水几乎变成死水，大大削弱了河道的自净能力。要改变这一现状的代价很大，对技术、资金等都有很高要求，某种程度上形成了制约古城保护的发展瓶颈。

4. 国家历史文化名城保护区治理体制不够顺畅

一方面,保护职能分散。根据《苏州国家历史文化名城保护条例》,国家历史文化名城保护涉及苏州市政府、姑苏区政府两级,市城乡规划、文化(文物)、园林和绿化、水利(水务)、民政、住房和城乡建设、市容市政(城市管理)、公安、交通运输等十多个职能部门。姑苏区政府作为苏州国家历史文化名城保护议事协调机构的办事机构,实际运行时需要经常性开展沟通协调,而各部门往往难以形成保护合力。

另一方面,责任认定困难。以古建筑保护为例,古建筑作为国有资产,由房管、文保、规划、土地等多个部门共同管理。房管局作为大部分古建筑的产权所有方,因没有使用权而无法管理。承租户作为古建筑的使用权人,因产权不属于自己而不愿管理。外来转租户只将古建筑作为廉价的生活、经营场所,其保护意识非常淡薄。而且经调查发现,约有40%的直管公房古建筑被原住户以转租方式供外来务工人员入住。古建筑保护实际上面临"谁都管、谁都不管"的"公地悲剧",每逢发生古建筑倒塌和火灾等损毁事件,经常难以追究责任人。

5. 国家历史文化名城保护区治理机制需要完善

一是协同治理机制。国家历史文化名城治理离不开跨部门、跨行业、跨地域的协同配合,但部分基层单位对于应该管什么、怎么管、管到什么程度缺乏明确规定,造成其简单满足于"问题处置了、反馈了"的层面,至于问题处置得如何则缺乏有效评估。个别单位甚至抱着"多一事不如少一事"的心态,对不属于自己职责的事项"一推了之",对涉及多个部门和单位的事项则相互"踢皮球"。

二是多元治理机制。在国家历史文化名城治理中,尚未充分调动专职网格员、社会组织和广大群众的积极性,形成治理合力。例如,不少网格员身兼数职,被多部门调度,工作范围广,工作内容繁杂,存在"什么工作都让网格员捎带着干"的情况。由于任务繁重、收入不高、身份模糊,网格员队伍稳定性普遍不强,人员流动性较大。部分社会组织的存在流于形式,长期不开展工作,也不提供基本公共服务。少数社会组织仅仅是兴趣团体,未能根据国家历史文化名城治理的需要开拓业务,可持续发展能力不强。基层群众普遍存在依赖心理,认为治理是政府的事,和自己没有关系,需要依靠政府力量解决存在的问题。

三是监督考核机制。少数部门对国家历史文化名城治理的成效评估和对责任单位的监督考核尚未形成科学有效的工作思路与管理办法，习惯于依赖数字、进度反映工作成效，忽视了古城保护的复杂性，影响了工作人员的积极性，使治理实效和群众满意度大打折扣。

6. 国家历史文化名城保护区治理水平有待提升

一是保护对象的规范和标准不够健全。由于国家历史文化名城保护对象类型较多，现行保护规范和标准未能实现全面覆盖，部分保护对象缺少维护管理的具体规范和标准。此外，保护对象规范、标准的一致性需要加强，如保护区内的古桥实际情况与现行行业规范不一致，目前还缺少保护管理指导规范，不便于开展日常管理。

二是保护对象的维护和修缮需要强化。保护区内文物建筑数量众多，由于年代久远且长期过度使用，不少文物建筑出现了不同程度的损坏，面广量大的文物建筑保护与修缮难度不断增大。在居住类文物建筑，特别是公房中，普遍存在居住人员数量超负荷、文物安全管理薄弱、安全隐患较多的情况，加速了文物建筑破损进程。有些古建筑因混合产权或产权复杂而年久失修，导致建筑危险程度高，亟须实施保护和修缮。

三是古城保护的管理问题较为突出。由于存在多头管理现象，古城运营维护管理水平还不高，缺乏全面、系统的管理体系。对保护责任人缺乏必要的激励措施，且有效制约机制不够健全，存在保护责任人履行保护责任的积极性不高、落实保护责任打折扣的情况，须进一步健全激励机制、完善制约机制。

四、苏州国家历史文化名城治理的优化路径

站在新的历史起点上，做好国家历史文化名城治理这篇大文章，是新时代赋予苏州的重要使命。建议苏州各级各部门从政策法规、体制机制、服务管理、资金保障等方面同向发力，高质量推进国家历史文化名城保护区建设。

1. 健全国家历史文化名城治理的政策法规

为统筹推进国家历史文化名城治理工作，苏州市和姑苏区历届政府始终坚持规划先行，科学编制规划，严格执行规划，形成了完整的保护规划体系。如制定《苏州历史文化名城保护提升总体方案》及各专题工作方案，明确"一中心、两高地、一典范"的总体定位和"古城、老城、新城"分区发展定位；出台《苏州国家历史文化名城保护条例》《苏州古

墙保护条例》等法规及配套技术细则，为国家历史文化名城治理提供政策法规遵循。为进一步健全相关政策法规，一方面，要完善历史遗存保护管理规范，尽快出台《苏州市一般不可移动文物管理办法》，及时制定《苏州市文物建筑预防性保护导则》《苏州市文物建筑保护修缮和利用更新工程技术导则》等相关历史遗存保护管理规范；另一方面，要研究历史遗存活化利用政策，推进《苏州市文物建筑活化利用规范》《苏州市区历史建筑保护资金奖补标准》《苏州市历史建筑保护利用管理办法》等政策文件的制定。

2. 理顺国家历史文化名城治理的体制机制

当前，国家历史文化名城治理体制机制已经建立，但市、区两级体制尚待理顺，相关工作机制仍须健全。

一是加强市级统筹。国家历史文化名城治理工作涉及众多市级职能部门和姑苏区所有党政部门及相关企事业单位，保护更新项目分头实施后，为增进整体统筹和分工协作，有必要在市级层面加强市、区两级的统筹协调。同时，要健全完善国家历史文化名城治理工作机制，保证领导小组常态化运作，定期研究、协调解决相关问题。

二是落实各方责任。市级相关职能部门应主动担起分管责任并加强协作配合，共同把古城文化资源挖掘好、展示好、利用好。姑苏区本级和下属街道应强化属地意识、责任意识、主体意识，跳出条块思维的边界，主动担当，充分发挥在古城保护中的牵头和统筹作用，加大共建共治力度。要依法确定社区工作事项，明确规定上级部门不得把自己职责内的工作转嫁给社区；确实需要社区协助的，须经姑苏区党委、政府严格审核把关，并提供必要的经费和工作条件。

三是鼓励社会参与。出台鼓励社会组织面向基层提供社会化服务的相关政策，缩小基层服务需求与社会组织服务供给的现实差距，提高基层公益性社会组织可持续发展能力。积极采用市场化方式让更多市场主体参与古建保护利用，推进活态保护，发挥更大效益。建立专家智库体系，创建沙龙论坛、决策咨询会等平台载体，推动形成一批有关国家历史文化名城治理的高水平研究成果，广泛凝聚社会各界对苏式生活典范的共识。

3. 提升国家历史文化名城治理的能力水平

人与古城和谐共生是国家历史文化名城治理的核心要义。古城是历史文化名城保护之"核"，要把历史文化资源优势转化为高质量发展的城市

竞争力,真正体现"核"的要义。

一是更新理念。严格落实住建部发布的《住房和城乡建设部关于在实施城市更新行动中防止大拆大建问题的通知》相关要求,坚决不搞大规模拆除、大规模增建、大规模搬迁,而是在保护的基础上通过小尺度的、细胞层面的、渐进式的城市有机更新来妥善处理好古城保护与更新的关系,以街坊为单位用"绣花功夫"逐个梳理研究、制定对策,让原住民留下来并享受现代生活,与古城共生共享。

二是明确思路。综合采取保护与成套化改造、就地改善居住环境、产业融合并举等多种方式,推进国家历史文化名城保护区内街区和古建筑的保护与修缮工作。对于古城内的文物建筑(非居住类)、苏州园林、河道水系、古树名木、吴文化地名、传统产业等保护管理较好的3 000余处保护对象,按照原有保护管理机制实施保护;对于管理利用相对较弱的700余处保护对象,包括文保单位、控保建筑、传统民居、古城墙等,按照"文化价值突出优先、亟须保护修缮优先、区域项目带动优先"的工作思路进一步加强保护利用。

三是分层推进。对于有明确管理单位的保护对象,梳理管理责任清单,落实主体责任,强化保护监管,建立各保护对象分级分层管理体系。对于无明确管理单位的保护对象,明确属地街道或相关职能部门进行管理,财政给予专项资金支持。尽快出台民居修缮导则,鼓励支持产权重建、产权清晰后产权人加强对古建筑的自我修缮。同时,建立保护对象数字化档案库,利用保护对象数字化资源传承和宣传历史文化,促进文旅深度融合,推动文化产业和数字经济发展。

4. 推动国家历史文化名城发展的产业转型升级

以创建"产城融合"示范区为目标,推动古城、老城、新城协同发展,聚力发展文化旅游、商贸物流、科技创意三大主导产业,形成古城新城双轮驱动、环老城纽带有机衔接的"两驱一带"总体布局。

将古城打造成文商旅融合示范区。围绕打造"大景区"格局,聚力发展文化旅游、特色商贸产业,将商圈、历史文化街区、古建老宅等连成片,推动历史文化保护与产业发展实现双赢。做优古城主导产业,培育壮大创意设计、影视动漫、运动康体等文化产业;做精、做亮旅游产业,加快传统园林景点、综合性文旅项目、古城特色精品酒店建设,提升旅游配套水平;大力发展商贸产业,推动观前、石路、南门等商圈的扩容升级,优化现有商贸载体业态，重点导入时尚新零售、高端商务、跨境电商等主流新业态。

将老城打造成产业园、楼宇经济集聚区。老城以构建产业园、楼宇经济集聚区为目标，大力发展科技创新、设计研发等现代服务业，发挥企业蓄水池、经济增长点等功能，持续提升区域经济能级。做强老城主导产业，依托产业园、楼宇重点发展现代商务服务业，打造新零售产业、城市设计产业、工程建设产业、人力资源业、专业中介服务业等特色商务集聚区，集中引培主业突出、创新力强、带动力强的科创企业。

将新城打造成都市产业升级先行区。精心布局和打造数字经济、口岸经济、信创经济、生命健康等产业集群，努力打造姑苏经济发展新引擎，实现新城反哺古城。做亮新城主导产业，大力发展数字经济，着力提升发展口岸经济，聚力发展信创经济，重点发展生命健康产业。

5. 推进国家历史文化名城治理的网格化服务管理

随着古城产业转型发展、对外开放交流及城市建设发展，各类诉求和矛盾交织，新的局面对姑苏区社会治理能力提出了更高要求和更大挑战。要围绕打造国家历史文化名城"硬核"目标任务，结合古城发展实际和群众切身需求，大力推进区、街、社区三级网格化管理规范化建设，打通服务群众"最后一公里"。

一是整合多方资源力量。积极整合基层街道和社区干部、大学生村干部、社区民警、警务辅助人员、人民调解员、职能部门下沉人员等力量，以及网格内党代表、人大代表、政协委员、老干部、党（团）员、社会组织人员、志愿者和各类有专业专长的人员，组成专门服务管理团队，不断健全完善自治服务、基础服务和专业服务等工作体系。

二是搭建服务管理平台。认真细致地对网格内的人、地、事、物、组织等要素进行分类整合，搭建网格化服务管理平台，促进整个系统顺畅、高效运行，实现全方位、全天候、全角度的服务管理。每个网格将村居委会、警务室、辖区单位等场所作为主要网格点，配备相应的工作载体，通过开展网格服务管理宣传、发放便民联系卡、公布服务电话、开通信息网站等方式，拓宽与群众交流沟通的渠道，为网格内的群众提供力所能及的帮助和服务。

三是优化服务管理内容。根据上级文件要求和基层服务管理工作实际，将所有涉及社会治理的职能延伸至网格。网格员除担负信息采集、政

策宣传、矛盾化解、治安防范、流动人口和特殊人群服务管理、便民服务等职责外,还可以增加公共安全方面的服务内容,协助开展城市管理、信访、妇联、民宗、文广等方面工作,此外,鼓励供电、供水、供气等公共事业单位参与网格化服务管理。

四是强化相关组织保障。将网格化服务管理作为一项民生工程,纳入年度目标责任考核体系,实行项目化管理。建立健全网格人员上岗公示、工作例会、信息采集、巡查走访、民情回应等制度,保障网格化服务管理的规范化、长效化运行。建立完备的网格员教育培训机制,提高其适应岗位要求及把握全局、服务群众、处理基层复杂矛盾的能力和水平。充分发挥新闻媒体的舆论导向作用,大力宣传网格化服务管理内容,切实赢得群众的理解和支持。

6. 打通国家历史文化名城治理的交通"梗阻"

目前,国家历史文化名城保护区外围重要快速通道和干道交通量已趋饱和,内部交通主要集中在占比仅25%左右的主次干路上,高峰时段进出保护区的主要通道和重要节点交通拥堵,交通供需矛盾突出。为提升道路畅通度,应综合采取系列举措,推动排堵保畅工作提档升级。

一是完善交通基础设施。在不对老城进行切割的前提下,加快推进外围道路设施建设,系统优化快速路系统,进一步完善路网结构。利用古城道路、河道等地下空间,结合管廊等地下工程建设,开展古城地下交通研究。延续古城水陆双棋盘路网格局,推进古城内部道路建设,提升路网密度,打通道路微循环,疏导内部交通。

二是倡导"公交+慢行"出行模式。以绿色交通发展战略为指引,大力发展公共交通和慢行交通,构建以轨道交通为核心的绿色交通体系。倡导市民采取"公交+慢行"出行模式,逐步降低小汽车出行比例,增加公共交通和慢行交通出行比例。

三是推动停车差别化发展。盘活保护区现有停车资源,挖掘可能停车资源,有序推进路外公共停车设施建设,引导停车设施错时开放共享。落实差异化停车收费政策,鼓励停车换乘,科学调控停车需求。建设智慧停车管理信息平台,完善停车设施信息,提升区域内停车智能化治理水平和信息化服务水平。

四是实施交通精细化治理。依法严管城市道路交通秩序,加强道路交通综合执法,改善交通秩序。开展交通堵点专项整治行动,治理医院、学校等重要节点交通拥堵问题，确保主要道路畅通。加强交通需求管理，研究小汽车拥有、使用等交通管理政策，调控古城小汽车交通需求。建设综合交通指挥平台和交通信息服务平台，完善交通信号、标志标线等交通管理设施，实现对区域内道路交通的系统化、智能化、精细化管理。

7. 加强国家历史文化名城治理的资金保障

当前，国家历史文化名城治理资金主要依靠苏州市、姑苏区两级财政投入和银行贷款，资金来源渠道较为单一。为确保国家历史文化名城治理有充足的资金和流动性，须在以下方面加以支持。

一是加大各级财政投入力度。当前，苏州市、姑苏区两级政府须进一步加大财政资金投入力度，全力抓好重大文化创新工程和保护修复工程建设。同时，要积极争取江苏省级财政和中央财政补助，加大专项基金支持和扶持力度。要加大文旅资产管理改革力度，将市属文旅资产下放给姑苏区统一规划、建设、管理，市属单位进行保护业务指导；实行市财政古城保护专项资金转移支付，由姑苏区专款专用。

二是拓宽多元化资金来源渠道。进一步拓宽社会资本参与渠道，建立多元化的保护资金筹措机制。实行政府财政、民间资本和个人资金相结合的方式，吸引各方社会资金进入文保单位、控保建筑保护修缮领域，形成更加有力的保护资金支撑。充分吸收社会闲散资金参与国家历史文化名城治理，调动社会团体、企业和个人参与古城保护的积极性。

三是健全资金使用管理制度。国家历史文化名城治理应注重项目引领，健全项目立项资金统筹机制，按照项目集成化思路提升治理整体效果。同时，完善相关经费使用管理和绩效评估制度，提高专项资金使用效率。

民主治理篇

案例 1
听民声、察民情、解民忧、聚民心
——社情民意联系日的姑苏实践

2020年6月29日,习近平总书记在中共中央政治局第二十一次集体学习时指出:"基层党组织是贯彻落实党中央决策部署的'最后一公里',不能出现'断头路',要坚持大抓基层的鲜明导向,持续整顿软弱涣散基层党组织,有效实现党的组织和党的工作全覆盖,抓紧补齐基层党组织领导基层治理的各种短板,把各领域基层党组织建设成为实现党的领导的坚强战斗堡垒。"① 2021年7月1日,习近平总书记在庆祝中国共产党成立100周年大会上强调,"我们必须紧紧依靠人民创造历史,坚持全心全意为人民服务的根本宗旨,站稳人民立场,贯彻党的群众路线,尊重人民首创精神,践行以人民为中心的发展思想,发展全过程人民民主"。② 因此,如何打通基层治理"最后一公里",如何践行以人民为中心的发展思想,如何落实全过程人民民主重要理念,理应成为每一位基层工作者关心的重要议题。将这些议题落实落细,不仅关系到基层所做的工作能否走进群众的心坎,而且关系到居民的获得感、幸福感、安全感能否达成。为此,各地纷纷开动脑筋,主动求变,探索出许多破题"最后一公里"和发展全过程人民民主的新思路、新举措。保护区、姑苏区持续深化完善的"社情民意联系日"活动,就是值得学习和借鉴的创新实践。

一、社情民意微实事项目"初长成"

保护区、姑苏区开展的"社情民意联系日"活动开始于2021年9月12日,迄今已有两年左右时间。两年来,该活动坚持固定时间(每月第

---

① 习近平. 贯彻落实好新时代党的组织路线 不断把党建设得更加坚强有力[EB/OL]. (2020-07-31)[2023-04-15]. http://jhsjk.people.cn/article/31805844.
② 习近平. 在庆祝中国共产党成立100周年大会上的讲话[M]. 北京:人民出版社, 2021:12.

二个星期日）、固定地点（169个社区的固定地点）、固定人员（领导干部全体参与）、固定方式（与群众面对面交流）原则，以"群众没有不满意"为活动目标，把全心全意为人民服务落到实处。

1. 领导高度重视

在社情民意联系日，保护区、姑苏区四套班子全体领导，区级机关班子成员，人大代表，政协委员，广大党员干部分赴全区169个社区，认真倾听、回应民意，收集问题诉求，解决群众的烦心事、闹心事。保护区党工委书记、姑苏区委书记方文浜同志多次走进平江街道、吴门桥街道、双塔街道与社区居民进行面对面交流，积极听取社区居民对于古城保护、交通出行、教育教学、医疗卫生等方面的意见和建议，及时回应群众关切，切实帮助解决居民关心的"关键小事"和具体问题。姑苏区政法委书记谢强同志连续三次组织召开"社情民意联系日"活动相关难点问题协调交办会，就往期"社情民意联系日"活动中居民反映的需要区各有关单位、街道、社区协作解决的多个难点问题进行专题讨论和协调，明确责任单位，制定解决方案，设定时间进度。

2. 完善工作机制

保护区、姑苏区根据工作实际，细化区、街道、社区的职责，优化处置办理流程，推进热点排查，加强分析研判，为实现全区域管理提供数据支撑。打造全链条闭环，实现对社情民意的宣传发动、信息采集、分析研判、处置办理、督办考核、经费使用等环节的扁平化管理。完善社情民意信息化管理系统，把握好社情民意问题的"进""出"端口。"惠姑苏"手机应用软件社情民意信息化平台完成第二次迭代升级，处置办理流程进一步畅通。

3. 加强宣传发动

通过在各街道微信公众号、居民微信群、"苏州姑苏发布"官方微博等平台发布信息，以及群发短信、刊登公交或轨交广告、张贴社区海报、布置活动展板、发放网格入户单等全媒体宣传方式向辖区所有居民全面推介"社情民意联系日"活动。2021年9月至2022年6月，通过三大通信运营商推送活动预告，接收短信的居民达1 080多万人次；2022年6月第十期"社情民意联系日"活动还结合疫情防控工作，在核酸检测"已检卡"上印制"社情民意联系日"活动信息；2022年7月至9月，结合区重点项目改造升级、"一刻钟便民生活圈"等热点，通过微信朋友圈发布

"社情民意联系日"活动信息,推送活动预告覆盖390万人次。

4. 强化制度保障

为推进"社情民意联系日"工作的制度化、法治化、规范化,保护区、姑苏区早在2021年就制定了《"社情民意联系日"民生小事快速处置工作经费管理办法(试行)》。2022年7月6日,苏州市姑苏区第三届人大常委会第五次会议又表决通过了《苏州市姑苏区人民代表大会常务委员会关于践行全过程人民民主开展好姑苏区"社情民意联系日"活动的决议》。

截至2022年9月,保护区、姑苏区"社情民意联系日"活动已开展13期,全区党员干部、人大代表、政协委员累计分赴社区达6 628人次,接待居民群众9 505位,收集问题、诉求6 316件,听取意见、建议3 874件,累计解决或答复9 100余件。"社情民意联系日"活动开展以来,姑苏区安全隐患越来越少,小摊小贩摆摊越来越规范,邻里关系越来越好,该活动切实起到了"听民声、察民情、解民忧、聚民心"的作用。

二、让群众获得"家门口的幸福"

"社情民意联系日"活动将"群众没有不满意"作为工作目标,定期倾听群众诉求,第一时间解决群众"急难愁盼"问题,千方百计让群众切实感受到"家门口的幸福"。

虎丘街道清塘社区居民提出关于在社区公共文化场馆内增添亲子书籍的建议,社区当即协同相关部门,一周内便将200册亲子阅读书报放进书架。白洋湾街道路南社区居民提出希望社区安装户外休息椅的建议,社区迅速联合物业对旧座椅进行加固,并加装10座休闲座椅,实现了居民步行3分钟就有歇脚处的愿望。沧浪街道东大街社区的居民反映,自家楼下有一棵枝繁叶茂的大树滋生了白蚁,到处乱飞的白蚁让居民不胜其扰。社区当天即请来专业修剪工人爬上该树进行修剪,并对树木上的白蚁进行全面灭杀(图1.1和图1.2),同时,请专业人员对被蛀蚀的树木及周边房屋进行安全隐患排查,采取加固等措施消除隐患。姑苏交警大队根据沧浪街道新沧社区劳动路550号小区居民反映的小区因没有监控而存在安全隐患的情况,第一时间在小区门口安装了监控,切实满足了民众诉求。

图 1.1 修剪前
来源：搜狐网，https://gov.sohu.com/a/586903843_121117475

图 1.2 修剪后
来源：搜狐网，https://gov.sohu.com/a/586903843_121117475

1. 公交微循环，避免出行难

因莫邪路、三新路、日规路管线入地工程实施半封闭施工，附近路段有3条公交线路临时改道。有居民在社情民意联系日上反映，附近社区居民以老年人为主，公交车改道后，从社区走到公交站台就需要10—15分钟，这就使得他们的出行不是很便利。为了破解施工期间居民交通出行的难题，切实解决附近居民出行"最后一百米"的问题，姑苏区城管委、平江街道办事处牵头苏州市架空线指挥部、苏州市交通执法支队、苏州公交集团、苏州场站公司、姑苏交警大队、姑苏区停车管线站、新湘苑社区、设计单位等多个部门，通过通力合作和协同施策，仅半个月时间就新开了一条临时社区公交微循环线路——新湘苑社区9009路支线（图1.3），切实满足了附近居民的日常出行需求。不仅如此，社区还在车上设置社情民意联络箱（图1.4），方便乘客投递"心事"。自联络箱设置以来，社区陆续收到写有居民群众"急难愁盼"问题的信笺、纸条："新湘苑巷小桥附近的柏油马路上有个大坑，可以帮忙填补一下吗？""××小区居民楼旁有很多建筑垃圾，小区里住的都是老年人，请社区关注一下。"……收到来信，社区网格员、党员骨干、居民志愿者组成"红色邮差队"积极处置，第一时间收集、第一时间落地、第一时间反馈，让社情民意说得出、听得到、传得远，使问题有商有量地得到解决。

图1.3 新湘苑社区9009路支线公交
来源：澎湃新闻，https://www.thepaper.cn/newsDetail_forward_19368426

图1.4 社区巴士上设置的社情民意联络箱
来源：苏州新闻网，http://www.subaonet.com/2022/xwzt/xsdxzwxpz/xsdxzwxpz_xzw/0826/567838.shtml

2. 解决路灯事，夜晚出行易

双塔街道下辖的城湾村是姑苏区最大的城中村集中区域之一。多条道路的路灯设施短缺，给城湾村居民夜晚出行带来了诸多困扰。有居民在"社情民意联系日"活动现场反映了这一问题。随后，社区第一时间向居民征求了意见、建议，安排专人赴现场实地查看，科学规划路灯选点路段与具体位置。仅仅过了一周时间，城湾村43盏路灯即全部投入使用。

3. 安装充电桩，"飞线"隐患消

为了给电动车充电，私接乱拉电线现象在城中村和老旧小区十分常见。针对这一管理的"痛点"，双塔街道在城湾村沿河空旷地带设置了电动车集中停放点，并安装了智能充电桩，从而切实缓解了电瓶车充电难问题，有效消除了"飞线"隐患（图1.5）。

图1.5 城湾村的智能充电桩
来源：搜狐网，https://www.sohu.com/a/600788730_121448078

三、"即提即办"让烦恼"不过夜"

1. 民生无小事，枝叶总关情

为加快解决居民诉求，保护区、姑苏区设立"社情民意联系日"民生小事快速处置工作专项经费，作为各街道每个社区民生小事快速处置专项经费的补充，配合各街道民生小事专项经费，对"社情民意联系日"活动上收集的群众诉求，做到"上午提，下午办"。金阊街道环秀社区居民反映小区多处高大树木影响采光，社区通过申报"社情民意联系日"民生小事快速处置工作经费，完成了树木修剪。双塔街道依托十全街21号，为快递小哥、外卖小哥、网约车司机打造"城市飞鸽"综合驿站，服务新就业群体。吴门桥街道新城社区居民在"社情民意联系日"活动中反映借书远的问题，几天后，社区就协调苏州图书馆安装了借书柜。

2. 破损地面快修复，回应民意加速度

沧浪街道胥虹社区居民徐阿姨在"社情民意联系日"活动会场反映，胥江路318号小区是一个无物业小区，小区7幢东侧地面破损严重，不仅影响美观，还存在安全隐患。在会上获知这一情况后，胥虹社区第一时间安排工作人员到现场查看地面破损情况，发现地面年数已久，加之有居民在该地面上停放机动车，所以就会出现破损。查明情况后，胥虹社区立刻详细上报了该问题，所在网格化联动工作站通过协调资源，申请到"社情民意联系日"民生小事专项经费对该地面进行了维修。在维修过程中，除施工人员外，网格员、"海棠先锋"志愿者也主动进行协助。经过一上午的施工，地面变得崭新又平整，并且增加了两根隔离路桩，防止机动车再次压坏地面。徐阿姨看到新修好的地面，开心地说道："这地面这么快就修复好了，为社区的办事效率点赞！"

3. 社区扫码借书，破解阅读难事

在吴门桥街道新城社区"社情民意联系日"活动现场，有居民反映："小区附近没有图书馆，孩子们放假在家要到很远的图书馆去借书，非常不便。社区能不能给解决一下小区孩子看书难、借书远的问题？"针对居民的这一诉求，新城社区迅速与苏州图书馆协调对接，并结合社区实际情况，很快为社区免费安装了一台便民智能借还书柜。该书柜依托苏州图书馆"书香苏州"手机应用软件，提供不限时段通借通还自助服务，大大方便了周边居民进行图书借阅，赢得了居民的广泛赞誉。前来借阅图书的居民交相称赞："没想到才几天时间，家门口就真的有了'图书馆'，以后再也不用跑远路借书了。""闲暇之余，在家门口便可借阅图书，太方便了。"

结　语

保护区、姑苏区充分发挥人民群众在基层治理中的主体作用，通过"社情民意联系日"活动这一全过程人民民主的生动实践，将群众的分散诉求与关键民生小事相结合，及时有效地发现和解决了广大群众遭遇的诸多难题。为了更加充分地彰显"社情民意联系日"制度的功效，今后一方面可以着力于进一步提升处办效能，即结合社情民意热点排查，加强分析研判，进一步提升社情民意问题的处置办理效能，结合辖区重点工作，相关部门、各街道有针对性地开展调研，形成公共治理课题，将政府公共政策转化为高质量的公共服务；另一方面可以着力于进一步提高民意转化质量，即聚焦公共治理中的难点、痛点、堵点，加强与市级部门的协调沟通，积极争取上级部门的关心和支持，针对诸如市政建设、房屋老化、物业管理、交通出行等长期难以充分解决的问题，提出系统性解决方案，为破解发展难题提供新路径。

案例 2
有事就"逢四说事"
——苏锦街道"逢四说事"民主协商平台的探索实践

为了积极配合保护区、姑苏区深入推广的"社情民意联系日"活动，各个街道努力打造各具特色的品牌活动，姑苏区苏锦街道"逢四说事"民主协商平台就是其中的典型案例之一。姑苏区苏锦街道目前管理 12 个社区居民委员会，区域面积约 10.28 平方千米，户籍人口 44 359 人。[①] 因为辖区内人员构成复杂，各类矛盾冲突考验着基层社区的治理能力。与保护区、姑苏区推行的"社情民意联系日"活动相比，苏锦街道的"逢四说事"活动早在 2009 年 12 月 4 日就开始了。苏锦街道将每月 4 日、14 日、24 日定为"居民说事日"，组织社区负责人、区党代表、人大代表和政协委员等深入社区听取群众诉求和建议。经过多年摸索尝试，苏锦街道总结提炼出诸多宝贵经验和重要举措，为"逢四说事"民主协商平台更新升级奠定了坚实基础。2021 年，苏锦街道结合姑苏区"我为群众办实事""社情民意联系日"等活动，按照"听民声、察民情、解民忧、聚民心"的工作要求，重塑"逢四说事"民主协商平台，实现了 1.0 版本到 2.0 版本的全新升级。全新的"逢四说事"民主协商平台由社区"两委"、社区党员顾问团、社区能人智库这三类主要成员共同参与平台运营与管理，形成了"双向多元参与式"社区居民协商议事机制，吸引了更多社区居民共同参与社区治理，苏锦街道"共建共治共享"的社区治理新体系也已逐渐成形。站在保护区、姑苏区新的历史发展起点上，总结回顾苏锦街道"逢四说事"民主协商平台开展说事、议事、协商活动的具体步骤，开展的生动实践与取得的成就，初步展望未来的发展前景，对进一步推进"社情民意联系日"活动和基层社区民主协商工作具有重要的理论与实践意义。

---

① 苏州市人民政府. 市政府关于同意姑苏区街道行政区划调整的批复 [EB/OL]. (2017-03-24) [2023-04-15]. https://www.suzhou.gov.cn/szsrmzf/zfwj/201703/3D9WVSTAXV4R2O8Q9GENV09TVO8O0VGZ.shtml.

一、"定下来",构建苏锦街道"逢四说事"民主协商平台的四梁八柱

苏锦街道"逢四说事"民主协商平台的探索实践经历了从不成熟走向逐渐成熟、从不自觉走向逐渐自觉的过程,这是绝大多数探索创新必不可少的一个环节。从最初的朴素经验,到今天总结出的定说事主题、定说事流程、定落实举措的"三定法"(也称"三步走",见图2.1),成功搭建起苏锦街道"逢四说事"民主协商平台的四梁八柱。此后,"逢四说事"民主协商平台有了行动指南,社区负责人和社区居民开展议事、说事、协商活动变得有章可循。

图 2.1　苏锦街道"逢四说事"民主协商平台居民议事流程

来源:课题组实地调研拍摄

1. 一定说事主题

苏锦街道"逢四说事"民主协商平台的第一步是确定说事主题,主要包括议题收集和议题评选两个环节。在议题收集环节,社区居民可以通过"社情民意联系日"活动、社区调查问卷、社区意见信箱等渠道反映社区工作存在的难点、痛点、堵点问题,还可以对继续改进社区工作提出相关建议,在此基础上形成一份议题清单,将说事主题按照社区重点中心工作、社区特色品牌服务、居民反映的大小事三大类进行划分,并按照优先性评选出需要解决的议题。"定"好题,才能"破"好题,只有说事主题是社区居民共同关心的"急难愁盼"问题,广大社区居民才会积极参与,平台也才会有持续运转的生命力。

2. 二定说事流程

明确说事主题之后,开展说事流程之前需要确定议事主体。苏锦街道"逢四说事"民主协商平台按照"1+3+N"搭建议事主体,即1个理事会,社区负责人、社区党员顾问团、社区居民等3类主要成员,主要由社区能人库成员、人大代表、政协委员及城管、公安、社保、物管等相关职能部门和其他应参与的部门或人员组成的N个参与对象。具体而言,"逢四说事"议事平台的说事流程包含聚民意、主协商、促参与、办实事四个

重要环节。聚民意就是提供说事的议题要充分体现民意、凝聚民意。主协商是指聚焦议题开展居民协商议事，探讨引发问题的原因、关键主体，由说事平台的社区理事会主张，邀请相关方参与协商议题解决路径。促参与则是促进多方主体共同参与，多方联动，推进议题的解决。最后就是办实事，明确达成议题解决的目标任务，努力达成"解民忧、惠民生、暖民心"的议事目标。

3. 三定落实举措

议事问题最终能否顺利解决要看议题是否落到实处，制定"落实举措"主要包括社区"两委"会议决议、落实行动方案、组织群众监督反馈三个环节。社区"两委"会议决议以正式文件形式形成决议，明确解决议事问题的具体举措与方案。各社区则需要从实际情况出发制定可行的操作方案，按照全科办理、网格管理、项目立项、能人参与、联建共建等举措推动问题解决。在推动问题解决过程中，充分调动社区居民的主动性，让社区居民实现全流程参与，监督问题解决进度。在问题解决完成后，负责解决问题的相关主体要进行反馈，确保问题解决到位，经得起社区居民的检验。

二、"动起来"，使苏锦街道"逢四说事"民主协商平台运转起来

社区作为社会治理的"最后一公里"，既同社区居民保持了最密切的联系，又是各类问题的集中交汇点。苏锦街道"逢四说事"民主协商平台如同一个解压阀与缓冲区，成为社区居民各类烦心事、闹心事的集中释放平台。在苏锦街道的治理实践中，针对小区车库治理、菜场疏导点环境改造、小区停车等社区治理难题，垃圾分类、小区架空层改造、小区"微治理"等环境治理难题，以及推进为老服务、促进回迁居民融合等问题，街道充分利用"逢四说事"民主协商平台推动问题解决，民主协商平台真正"动"起来了。面对不断改善的社区环境、不断提升的社区服务质量，社区居民的幸福感、满意感、获得感不断提升。

1. 充分调动社区居民能动性，多措并举改善社区人居环境

在苏锦街道汇翠社区，小区停车位问题一直是个"老大难"问题。为此，汇翠社区针对小区车位改造、环境绿化提升改造等方案向社区居民进行详细说明，在社区协商议事厅多方征求居民意见。经过居民的热烈讨

论,最终以不大拆大建、不推倒重来的"微改造"为指导方针。通过"微改造",不仅小区停车位得以优化,小区生活品质也得到了提升,群众的幸福感在家门口升级。苏锦一社区面对菜场疏导点脏、乱、差的现象,积极利用"逢四说事"平台协商优化菜场疏导点环境。苏锦疏导点是辖区内唯一的菜场,始建于2009年。经过多年运行,周围居民反映,苏锦疏导点虽然方便了大家买菜,但是周围环境问题给他们带来了很大困扰。基于此,苏锦一社区依托"逢四说事"民主协商平台,从党员代表、楼道长和居民代表中问计于民,让广大居民参与苏锦疏导点的优化工作。通过社区评议和居民表决,社区居民最终选择"原地改造"的方案。2021年3月,苏锦街道人大工委又围绕"菜场改造"议题,开展"人大代表周周行"活动,与居民代表面对面交流,推进了疏导点的改造进度。苏锦街道新天地家园北社区为了破解小区车库治理难题,通过协商平台进行积极协商,针对本地老人、残疾人与单独购买车库入住者等三类车库居住人群,以及在车库开设理发店、快递转运点、麻将馆等具体问题进行讨论,以少数服从多数原则通过了6个基本问题的改造意见。与此同时,增加社区党员志愿者夜间巡逻人数并延长巡逻时间,在小区内扩大综合整治宣传范围。随着一个个治理难题通过协商平台得到解决,居民的主人翁意识愈加强烈,治理后的小区成了他们自己想要的模样。

2. 充分凝聚社区居民智慧,营造美丽社区环境

垃圾分类一直是社区工作的难点。苏锦街道大观花园南区1号垃圾分类亭位于小区主干道西侧,垃圾分类亭周围绿化与小区环境不匹配,导致居民意见较大。社区负责人邀请相关居民代表与物业在"大观有约"——"逢四说事"民主协商平台进行自治协商讨论解决办法。协商出的解决办法是在大观名园社区开展"爱绿、护绿、补绿"活动,在1号垃圾分类亭两侧铺设草坪,种上茶花树,使小区旧貌换新颜。在锦华社区和万达社区,有部分刚"上楼"的小区居民还保留着老村民的生活习惯,比如捡拾垃圾等,既占用了公共空间,又容易发生火灾事故,很多居民对此意见不断。为此,社区邀请居民全程参与,通过征集意见、民主讨论、制定方案、建立志愿者队伍、开展常态化巡查等治理措施,在架空层安装休闲椅并重新进行场地布置,既解决了杂物堆放难题,又方便了居民休闲娱乐。除了上述作用之外,小区架空层还成为党员先锋作用的发挥阵地,开辟了集体生活的"第二客厅",让邻里之间的交往有了更多空间载体。而在新

天地家园南社区，通过协商平台推出的"微治理"为小区增添了全新的活动场地。通过"微治理"，社区居民把杂乱无章的卫生死角改造成了洁净秀美的小游园。同时，社区还根据居民的意愿，在小游园内增设石桌椅和长椅子等休闲设施，在社区功能得以进一步完善的同时，社区颜值也得到了提升，小游园也因此成为居民日常休闲活动和开展议事活动的全新场所。

3. 充分创新社区议事活动形式，提升社区人文关怀水平

苏锦二社区"逢四说事"助推社区为老服务。苏锦二村南区和北区是建成于20世纪90年代末的老新村，居住人群以老年居民为主，尤其是80岁以上的独居高龄老人较多。在"逢四说事"议事会上，居民代表希望能够对高龄独居及有困难的老人给予生活照料方面的帮助。为此，社区居民通过协商组建了为老志愿服务队。社区还通过部门间"结对子"，联合区级结对单位、人大代表等，开展高龄独居老人走访慰问活动，关心关爱高龄独居老人群体。对于身体状况良好的老人，主要以"敲敲门""见见面""聊聊天"的形式定期进行看望；对于身体有疾病的老人，帮助配药或陪同就诊；对于突发疾病、意外的老人，链接多方资源进行帮助。此外，这些为老志愿服务队还以开设"便民服务超市"、非常时期送菜、为"百岁独居老人"祝寿等丰富多彩的活动营造出敬老、爱老、护老的良好社区氛围。

万达二社区"非遗时光"融入苏式文化生活。万达二社区针对新苏州居民文化服务诉求，为更好地服务社区居民并促进居民文化融合，经过社区"逢四说事"民主协商平台讨论，确立了"非遗时光"苏式文化体验项目，如剪纸、扎染、篆刻、苏灯制作、葫芦烫画、棕编、拓印等。此外，还通过"三社联动"，将党建文化、非遗文化、苏式文化与亲子教育、居民文化有机融合，为居民呈现了别样的苏式非遗文化体验。金光社区、金星社区为了帮助回迁居民尽快融入全新的居住环境和社区生活，营造"走出家门，融入楼道，参与社区建设"氛围，开展了一系列的"和谐星光"居民议事活动，让居民在活动中畅所欲言，提出改善社区居民居住环境和提供居民服务等意见、建议。社区还通过协商平台定期邀请小区物业和社区法律顾问一起参与议事，让居民代表对小区物业服务提出意见、建议，不仅增进了各方的相互理解，也有助于提升物业服务水平。光华社区以"逢四说事"提升了党员干部的服务能力，社区治理中存在的矛盾问题

能在第一时间得以掌握、解决,改善民生服务成效立竿见影。基层党员干部切实改变了工作作风,深入群众、深入矛盾和困难多的地方,在为民排忧解难的同时,赢得了更多的信任和支持,也促进了社会的和谐稳定。

三、"看未来",苏锦街道"逢四说事"民主协商平台与社区治理现代化

2021年10月13日,习近平总书记在中央人大工作会议上强调:"我国全过程人民民主不仅有完整的制度程序,而且有完整的参与实践。"① 民主要在实践中进行检验,缺乏参与实践的民主很难说是高质量的民主。正如唐亚林教授所指出的那样,"全过程人民民主还塑造了民主的品质,将民主变为广大人民群众的一种日常生活方式"②。就此而言,苏锦街道"逢四说事"民主协商平台是全过程人民民主在基层社区治理实践中的生动体现,是践行全过程人民民主的形式之一。对于苏锦街道的社区居民而言,通过"逢四说事"民主协商平台进行说事、议事、协商参与公共问题的解决已经成为他们的一种日常生活方式(图2.2)。苏州市民政局为表彰苏锦街道在基层民主协商领域的创新尝试,将"2020—2021年度苏州市城乡社区治理街道(镇)级创新案例"的荣誉授予了苏锦街道"逢四说事"民主协商平台。这是对苏锦街道努力探索基层治理创新实践的肯定,更是对苏锦街道下一步争取更大进步、产出更多创新成果的深切期许!

经过十余年的改革探索,苏锦街道"逢四说事"民主协商平台结出了许多创新果实。比如,第一,"逢四说事"民主协商平台的工作体系渐趋成熟。苏锦街道总结出"一脉双向三化"的工作体系,"一脉"即坚持把党建引领社区治理这根红线贯穿始终,"双向"则代表社区与街道沟通渠道、反馈机制的双向畅通,"三化"指的是议题内容清单化、议事程序规范化、解决落实闭环化。第二,"逢四说事"民主协商平台的工作机制不断优化提升。说事通道不断拓宽,议事形式丰富多样,说事主体不断丰富。除了传统的说事通道之外,还开设了"说事热线""说事箱"等全新的说事通道。说事主体不断壮大,组建了一个几百人的"社区能人智库",

---

① 习近平. 在中央人大工作会议上的讲话[J]. 求是,2022,810(5):4-13.
② 唐亚林. 全过程人民民主:对民主实践和理论的新贡献[N]. 北京日报,2022-06-20(13).

图 2.2 苏锦街道"逢四说事"民主协商平台说事议事现场

来源：交汇点客户端，http://news.2500sz.com/doc/2021/11/23/783110.shtml

说事主体更具代表性。第三，"逢四说事"民主协商平台的工作流程日益标准化。"逢四说事"民主协商平台总结出的"聚民意、主协商、促参与、办实事"十二字议事说事流程，让社区居民能够全流程、多形式地参与社区治理实践。第四，"逢四说事"民主协商平台的工作成效显著提升。"逢四说事"民主协商平台通过居民提事、会议定事、联动办事、群众评事等方式，让社区居民深度参与社区公共问题的解决，而且实实在在地解决了社区居民的困难事、烦心事。基层党组织也拓宽了服务群众和群众参与的渠道，党员先锋模范作用能更好发挥，还在党员干部与社区居民之间架起了沟通桥梁。

改革创新驱动社区治理现代化，苏锦街道"逢四说事"民主协商平台改革创新永远在路上。在保护区、姑苏区的第一个十年，苏锦街道"逢四说事"民主协商平台取得的成效令人兴奋；在下一个十年，苏锦街道将打造更具特色的基层社区民主协商样板，鼓励、指导各社区搭建特色协商议事平台，并且充分调动各方力量共同参与社区治理，开启共治、共建、共享的社会治理新格局。[1] 一方面，要始终坚持为民排忧解难的群众导向。"逢四说事"民主协商平台应一以贯之地坚持群众属性，积极回应群众关

---

[1] 名城苏州网. "逢四说事"民主协商议事平台 开启基层治理新格局［EB/OL］.（2021-11-23）［2023-04-15］.http://news.2500sz.com/doc/2021/11/23/783110.shtml.

切的各种诉求，着力解决好群众反映的突出问题，把维护好、实现好、发展好群众的根本利益作为开展民主协商工作的出发点和落脚点。另一方面，要以"逢四说事"民主协商平台带动社区其他工作。基层社区要继续开动脑筋，将"逢四说事"民主协商平台作为撬动社区其他工作共同进步的支点，实现能人智库、社区文化、社区治理、社区照顾等领域工作的全面开花。在多方主体的共同努力之下，推动"逢四说事"民主协商有说法、流程规范有章法、社区治理有方法，① 最终达成"党委领导、政府负责、民主协商、社会协同、公众参与、法治保障、科技支撑"的社区治理新格局。

---

① 苏锦街道.苏锦街道"逢四说事"民主协商平台获得市级荣誉［EB/OL］.（2022-01-27）［2023-04-15］.http://js.news.163.com/22/0127/17/GUO24PH204249CU3.html.

案例 3
群体性纠纷的"救生艇"
——姑苏区人民调解的集成治理机制

人民调解是在继承和发扬我国民间调解优良传统基础上发展起来的一项具有中国特色的法律制度,是公共法律服务体系的重要组成部分,在矛盾纠纷多元化解机制中发挥着基础性作用。① 习近平总书记指出,要让老百姓遇到问题能有地方"找个说法"。姑苏区为了进一步提升人民群众的获得感、幸福感,构建共建、共治、共享的社会治理新格局,组建民间"老娘舅"人民调解团队和社会矛盾纠纷调解中心,充分调动社会力量,发挥集成治理的优势,创新提出三级调解法,推动人民调解工作与网格治理相结合,走出了一条人民调解的双向互动之路。

一、民间金牌调解员:"老娘舅"人民调解团队巧化解急事难事

"老娘舅"的称谓在苏州源远流长,作为群众身边处理家长里短小事的"公道人",他们是人民群众的"贴心人"、矛盾纠纷的"灭火人"、法律法规的"宣传人"和不稳定苗头的"知情人"。多年来,姑苏区的"老娘舅"们用自身的实际行动,热心调解居民矛盾,积极参与社区治理,受到社会各方高度信任。"老娘舅"们的工作经验和工作方法也被国家、省、市级的主流媒体多次报道,成为姑苏区法治调解工作的一道亮丽风景线。

1. 专业是"老娘舅"的金刚钻

新时代的调解已不是和稀泥、劝和式的调解,调解员不仅仅要做"和事佬",更要成为懂法、知法、讲法的专业人员,要有良好的表达能力和专业的调解工作方法。对调解工作而言,掌握充足的法律知识是众多调解

---

① 中央政法委、最高人民法院、司法部、民政部、财政部、人力资源和社会保障部.关于加强人民调解员队伍建设的意见[EB/OL].(2018-04-27)[2022-07-20].http://www.gov.cn/xinwen/2018-04-27/content_5286469.htm.

能力中的硬核。姑苏区人民调解委员会专职调解员赵艳是一位资深的"金牌老娘舅",曾获得苏州市"金牌特邀调解员"的荣誉称号。赵艳始终坚持把依法调解放在首位,利用业余时间学习法律知识,积极向专业的法律人士学习专业技能,总结出情绪稳控、趁热打铁、共情换位等工作法,快速介入、精准调处,大幅提升了调解的成功率。

2016年,赵艳受理了一起房屋产权归属纠纷,涉案金额近500万元,双方当事人是亲属,调处工作难度非常大。接手该案后,赵艳首先认真阅读了案件材料,研判双方争议的焦点,针对不同难点采取不同的工作方法。面对脾气暴躁、容易冲动的当事人,采取"冷却降温、春风化雨法",缓解各方情绪,稳定调解局面;面对固执己见、好钻牛角尖的当事人,采取"换位思考、逆向思维法",争取双方的理解和支持;面对胡搅蛮缠、心存侥幸的当事人,采取"扶正祛邪、案例引导法",明确法律依据,让当事人从自身问题找起,来达到引导各方认识趋同的目标。通过她艰苦而细致的调解工作,各方最终握手言和,这起重大矛盾纠纷得以化解。

2. 耐心是"老娘舅"的助燃剂

在调解工作中,耐心是第一步。静下心来倾听群众声音,纠纷调解前期调查了解是基础,中期沟通协商是关键,最后文书确认是重点,每一个过程都离不开调解员的耐心。陈宗礼是姑苏区金阊街道彩虹社区党委委员兼支部书记,也是一位始终奋斗在社区一线的老党员。陈老虽已是耄耋之年,却始终将人民调解工作放在心上,是一位资深的"老娘舅",社区的居民遇到难事也习惯于找陈老帮忙解决。

凭借多年处理矛盾纠纷的工作经验,陈宗礼将"老娘舅"调解工作的要点总结为56个字:以人为本,服务为先,关口前移,热情接待(包括值班接待、上门来访接待、电话来访接待),仔细倾听,深入了解,保持耐心、以德服人,综合施策,科学协调,依法调解,提高效能,构筑平安,无私奉献;归结于"6个化":坚持调解工作制度规范化,坚持调解工作技巧科学化,坚持调解工作讲究个性化,坚持调解工作耐心细微化,坚持调解工作方法多样化,坚持调解工作化解萌芽化。

在日常工作中,陈宗礼坚持将自己的工作方法贯彻到位。为了更好地倾听民众的声音,陈老甚至将家中的电话开通为一条24小时的心理疏导和调解的热线电话,不厌其烦地解答居民的疑问,倾听居民的烦恼,同时从是非、利弊、法理、人情等方面做最有力的"调解人"。陈老说:"我只是一个老党员,只是做着一个党员应该做的事情。我心中一直有团火,只要火未灭,仍要前行。"这是一位资深"老娘舅"的心声。

3. 贴心是"老娘舅"的软化剂

作为民间调解员的"老娘舅",他们更多面对的是家长里短的琐事,对于居民来说,更重要的是求一个公道。姑苏区沧浪街道司法所有两位调解员——"郑娘舅"和"徐娘舅",她们对社区的调解工作有着深刻的体会:"我们不能为了尽快完成调解,就让任何一方受委屈,得贴着他们的心,他们才会告诉我们调查没法深入的心声。"最重要的是"一碗水端平",诀窍在于"换位思考、设身处地"这8个字。

2019年,"郑娘舅"接到一起房屋租赁纠纷,当事人徐某的店铺因不合规面临停业整顿的处理,在调解现场当事人表现得异常激动。"郑娘舅"没有着急,而是和当事人话起了家常,通过聊天得知徐某正面临着丈夫生病、店铺停业的双重打击,是生活的压力导致她对租金的事情反应剧烈。在两位"老娘舅"的耐心调解下,另一位当事人张某也看清了徐某的困难之处,表示愿意先缴清剩余租金以帮助徐某解决燃眉之急。原本看似针锋相对的两方当事人,在"老娘舅"和风细雨的劝解下,达成了双方互相理解的友好局面,缓和了邻里关系。

二、全方位人民调解:构建人民调解制度的双向互动机制

人民调解员是人民调解工作的具体承担者,肩负着化解矛盾、宣传法治、维护稳定、促进和谐的职责使命。加强人民调解员队伍建设,对于提高人民调解工作质量,充分发挥人民调解维护社会和谐稳定"第一道防线"作用,推进平安中国、法治中国建设,实现国家治理体系与治理能力现代化具有重要意义。①

姑苏区在探索构建人民调解机制时,形成了"横到边、纵到底","防、控、调、处"全覆盖、全流程人民调解工作网络,依托非诉讼服务延伸人民调解网络,建立三级调解机制;鼓励社会组织与民间调解力量积极加入;充分发挥民商事纠纷调解程序前置优势,积极开展诉前调解工作;利用社会矛盾纠纷调处服务中心打造"三调联动+司法确认"和"公

---

① 中央政法委,最高人民法院,司法部、民政部、财政部、人力资源和社会保障部.关于加强人民调解员队伍建设的意见 [EB/OL]. (2018-04-27) [2022-07-20]. http://www.gov.cn/xinwen/2018-04/27/content_5286469.htm.

调对接"的官方调解机制。

1. 依托非诉讼服务延伸人民调解网络

姑苏区近年来积极探索非诉讼服务、诉讼与非诉讼对接机制,构建多方参与、协调联动、信息共享、优势互补的矛盾纠纷多元化解体系,设立网格矛盾纠纷一站式调解驿站,将人民调解融入社会综合治理网格,着力解决人民群众最关心、最直接、最现实的利益问题,切实增强了人民群众的获得感、幸福感和安全感。

(1) 建立区、街道、社区"三级调解"分类化解机制

自2019年起,姑苏区依托区、街道、社区三级矛盾纠纷调处服务中心稳步开展"非诉讼服务中心(窗口)"平台建设,建成非诉讼服务中心及驻姑苏区法院、驻金阊法庭、驻姑苏区信访局、驻姑苏区劳动人事争议仲裁院等四家分中心,形成区级网络。2020年,在平江、金阊、沧浪等8个街道成立非诉讼服务中心,形成街道层面调解网络,同时在全区168个社区设置调解处置岗,向社区群众提供高效、便捷的矛盾纠纷化解服务,通过区、街道、社区三级调解网络实现非诉讼纠纷多元化解综合平台全覆盖。

(2) 将人民调解融入社会综合治理网格,建立"网格员+调解志愿者""社区民警+兼职调解员""公职律师+特邀调解员"的调解机制

金阊街道夏莲网格尝试推行调解员"随警作战"机制,即针对110公安报警电话接到的非警务类纠纷警情,由网格调解员跟随出警民警现场调解,实现纠纷就地调处,既方便了当事人,也减少了流转环节,节约了社会治理成本。

家住姑苏区金阊街道某小区的王先生与楼下邻居朱某因公共走道杂物堆放问题产生纠纷,多次沟通无果后,朱某冲动之下将王先生家的大门踢坏。接到这起由邻里纠纷引起的报警事件后,网格调解员与民警一起上门调解。调解员与民警用专业的法律知识向朱某表示,在公共场所堆放杂物属于侵害公共利益的行为,易造成消防隐患,踢坏王先生家的大门更是故意毁坏他人财物行为,这种行为是绝对错误的;同时,王先生在事件过程中也存在态度偏激、出言不逊的行为,激化了双方矛盾。经过调解员与民警的努力,事件双方都认识到了自己的错误,朱某当场向王先生赔礼道歉,答应三天内把楼道堆放的杂物清理干净并将王先生家的大门修好。一起纠纷不出社区就得到迅速化解。

2019年,姑苏区在金阊街道成立夏莲网格"邻安坊"矛盾纠纷一站式调解驿站,推进人民调解进网格,实现矛盾纠纷"一线"化解。一站式调解驿站内配备网格员2名、随警作战调解员2名和"老娘舅"调解员12名,同时有2名社区法律顾问和1名对接法官,为纠纷化解提供专业"外援"。驿站通过"随警作战""联合研判"等多项工作机制,在网格内化解矛盾纠纷,提供法律服务,实现了矛盾纠纷不出网格的效果。据统计,2019年度调解驿站共受理纠纷350起,其中网格员巡查化解纠纷苗头79起,110非警务类纠纷流转225起,12345热线流转6起,当事人申报5起,非诉分流35起,纠纷调处率达到95%以上。人民调解进网格是姑苏区近年来基层社会治理工作创新做出的有益尝试。从"老娘舅"调解员参与网格巡查到设立网格调解驿站,从单纯为群众化解矛盾纠纷到提供法律咨询、法律援助等法律服务,姑苏区调解进网格工作已实现功能升级、人员扩充、机制优化,真正实现"微事不出格、小事不出社区",让基层成为纠纷"终点站"。

2. 建立8类案件调解程序前置机制

姑苏区双塔街道接到了区人民法院委派的60户业主案件前置调解委托。起因是一个位于双塔街道的商业街区,业主统一委托给某商务公司出租经营,租金收入双方分成,但是业主对于租金收入存疑,因此将商务公司起诉至姑苏区人民法院。法院审理了其中的8件诉讼并进行了判决:要求商务公司按照实际收入租金补付差价,因尚未构成根本违约,不支持解除委托关系。由于起诉业主数量庞大,符合集体诉讼特征,且有群体纠纷事件的风险,姑苏区人民法院及时启动民商事案件前置调解程序,将另外52户业主的诉讼分流并委派双塔街道人民调解委员会进行诉前调解。经过多次调解,47户业主与商务公司达成和解。这就是姑苏区为处理重大疑难复杂群体性纠纷而建构的案件调解程序前置机制。

苏州市为进一步健全非诉讼纠纷解决机制,建立了矛盾纠纷排查化解服务清单、非诉讼纠纷化解服务清单、一次性告知、纠纷综合调处联动、工作人员名册公示、司法确认、跟踪回访、矛盾预警研判等8项全流程非诉讼服务制度。除此之外,姑苏区针对重大疑难复杂群体性纠纷,区司法局联合区法院探索建立了8类案件调解程序前置机制。针对具体案件,由法院选定少量典型案件进行裁判,其他案件由特邀调解组织、特邀调解员跟进处置。这一机制在实现纠纷高效化解的同时,节省了法院审判资源,降低了群众维权成本,开创了低成本、效果佳的群体性纠纷化解新途径,推进了矛盾纠纷多元化解机制的不断完善。该机制发挥法院"示范裁判+特邀调解+司法确认"的示范引领、以判促调优势,结合司法行政"人民调解、行政调解、律师调解、社会组织调解+非诉讼平台"的处置方式多元、三级网络全、群众基础好的特点,合力化解群体性纠纷。

3. 构建"三调联动+司法确认"和"公调对接"矛盾化解新机制

2020年姑苏区司法局、姑苏公安分局及姑苏区人民法院联合制定《关于强化对公调对接工作司法确认保障,深化诉非对接多元解纷的实施办法(试行)》,构建"三调联动+司法确认"和"公调对接"多元解纷与诉非对接机制(图3.1)。"三调联动"指区司法局、区法院、区公安分局通力合作,实现人民调解、行政调解与司法调解有机互通联动。"司法确认"就是针对这类问题提出的解决方案,简单来说就是向人民法院申请确认调解协议的法律效力。"公调对接"指区公安局与人民调解委员会对接,在派出所内设立调解室,作为调处纠纷警情的主阵地。

图3.1 "三调联动+司法确认"合作协议签约仪式
来源:享法姑苏微信公众号,https://mp.weixin.qq.com/s/qJX7wOT3ObU5N6Zi0q36-g

"三调联动+司法确认"和"公调对接"的矛盾化解机制实现了司法局、公安局、人民法院和人民调解委员会的有效联动,为基层矛盾纠纷的有效化解提供了升级路径,提升了矛盾解决的效率,也减轻了群众诉讼的负担。2020年,虎丘派出所首次通过"公调对接+司法确认"成功调处了一起疑难纠纷。2019年,市民王某由于在公共厕所洗衣服时与邻居岳某发生争执,当晚因头部不适住院治疗,共花费医药费9 000余元。王某认为自己住院系与岳某扭打造成,遂要求其赔偿,遭到岳某拒绝。双方再次发生争执,多次到辖区派出所进行调解均未果,矛盾愈演愈烈。2020年9月初,双方就赔偿一事再次向辖区派出所申请调解。经过调解员多方劝导,双方终于就赔偿金额达成一致。但岳某担心支付了赔偿款后,王某还会再来纠缠,而王某则认为对方没有诚意,双方为此僵持不下。为解决双方的后顾之忧,派出所调解员当即联系区法院,协助双方当事人办理了人民调解协议的司法确认申请。当事人终于达成一致,王某当场拿到了赔偿款1.6万元。

4. 引入专业社会组织充实调解力量

姑苏区政府依托公共法律服务项目,出资购买社会组织调解服务,涉及征收项目、群体纠纷、平台建设、小区治理、物业纠纷、诉前调解、技能提升等多个领域,通过减员增效,优化各级调委会专职人民调解员队伍配置,提高人民调解工作质效。2020年,累计开展服务活动6 944次,服务群众近20万人次。

通过引入当地商会、工会、公证、妇联、法学会、行业协会、行业组织等社会组织参与"一站式多元解纷",可以加快推进多元矛盾纠纷化解机制建设,为我国的社会和谐稳定发展贡献力量(图3.2)。整合社会组织这一优质调解力量,能够完善人民调解制度的内在结构,减轻政府官方部门的压力,实现诉前调解,有效提升解决矛盾纠纷的效率。

图3.2 "小巷评理"活动现场

来源:苏州政法微信公众号,https://mp.weixin.qq.com/s/wwVhSWkEqGxVJ6QxaM13ig

5. 线上线下扩展调解平台

近年来,数字政府与数字治理逐步走入社会治理的视野,姑苏区依托"江苏微解纷",建立诉前调解纠纷化解网上受理平台,在新冠疫情暴发初期,通过"无接触调解"化解纠纷20余件,涉案金额约60万元。姑苏区利用科技赋能手段，打造出一个集咨询、法规检索、协商、调解等功能于一体的在线调解平台，以便群众"点单"，各方人员能够突破时间、空间的限制参与调解，提高普法宣传效果，打通便民服务"最后一公里"。

三、公众参与的力量：集成治理式人民调解制度卓有成效

以往基层政府在面对各类矛盾纠纷时，受限于科层制条块分割的弊端，会出现"踢皮球""打太极""拖字诀"等做法，迟迟不能给出有效的调解方案，反而部门之间互相推诿避责，使得人民群众的矛盾不断被积累扩大，以致威胁社会稳定。近年来，姑苏区组建民间"老娘舅"人民调解团队，依托社会矛盾纠纷调处服务中心打造"三调联动+司法确认"和区、街道、社区三级调解的官方调解机制，形成了政府与其他社会力量双向互动的"集成治理"新模式，为基层社会治理提供了新的解纷思路，也为中国之治提供了新的地方经验。

集成治理是将科层体系内治理议题相近、目标诉求相似、职能相辅相成的部门从原有的科层体系中剥离出来，整合成新的"治理集群"，同时调动社会协同和公众参与的力量，努力形成治理合力，持续提升治理水平和效能，更好满足人民群众美好生活需要的治理模式。①

1. 直观层面：治理效度提升

从最为直观的治理效度上看，姑苏区的人民调解双向互动机制从民间调解与官方调解两处使力，切实化解了基层社会的矛盾纠纷。在2021年司法部的表彰中，双塔街道人民调解委员会是苏州唯一获得"全国模范"荣誉的集体单位。2020年，"老娘舅"全年调解各类矛盾纠纷达15.3万件。因为地处姑苏古城中心，人口密集，调委会矛盾纠纷排查化解工作任务重，仅仅依靠传统的调解员无法处理庞杂且烦琐的调解案件。为了发动群众的力量，调委会还打造了"小巷评理"调解品牌，将"调解桌"搬到了家门口、巷子里，采用"大院说理""板凳会议""名家说法"等多种群众喜闻乐见的形式，把矛盾纠纷化解在基层萌芽状态。"小巷评理"调解品牌已成为双塔辖区居民化解矛盾的自觉选择和优先方案。

2. 深层效果：地方治理体系重构

从更为深层的治理机制上看，以矛盾纠纷调解中心为代表的人民调解

---

① 史云桐. "集成治理"的实现形式及其内在逻辑——以社会矛盾纠纷调处化解中心为例[J]. 南京社会科学，2021（12）：84-90, 117.

新机制在一定程度上推动了地方治理关系的重构,推动了资源重组,有助于提升地方基层治理的整体性、协同性、互补性、高效性和简约性。

第一,突破科层制的条块分割弊端。社会矛盾纠纷调解中心实质上是一个"集合式驿站",它将科层体制下的条块分割弥合集中到一处,将以往需要由百姓承担的协调成本转移至科层体系内部,缩小了人民群众的时间、精力成本,推动社会治理结构进一步扁平化。通过区、街道、社区三级人民调解体系的完善和人民调解进网格的方式,使矛盾纠纷能够尽早发现、就地解决,有助于减少矛盾纠纷的放大、迁移,"消未起之患,治未病之疾"。从科层的角度看,创新的矛盾调解方式下,传统科层体系的一些广受诟病的负面功能在一定程度上得到了修正:条线分明的管理体制由碎片化走向集成化,各职能部门工作人员从个体化走向协作化,治理资源从单一化走向多元化,科层制的功能从刻板化转向灵活化。

第二,整合社会资源,推动多元社会力量协同治理。"老娘舅"人民调解团队实质上是将以往个体化、零散化的社区精英、热心人和具有法律知识的专业人士组织到一起,通过内部分工合作,使"人尽其能",更加精准地解决相关矛盾纠纷。从国家—社会关系理论出发,在推进人民调解制度集成化、网格化、协调化的过程中,可以看到"行政激活社会"的治理取向和治理效果。通过联动公安、司法、调解机关,使调解流程更顺畅,调解结果更可信。为了更好地处理政府管理与社会自治之间的关系,在目前以政府为主导的社会格局中,转变政府职能部门在治理中的角色、职能,在社区治理和居民服务方面适当地让渡一部分空间,有助于整合社会资源,回应人民群众需求。

结　语

组建民间"老娘舅"人民调解团队和社会矛盾纠纷调解中心,创新提出三级调解法,推动人民调解工作与网格治理相结合,是姑苏区近年来基层社会治理工作的有益之举。无论是"老娘舅"调解员参与网格巡查、设立网格调解驿站,还是提供法律咨询、法律援助,以及"三调联动+司法确认"和区、街道、社区三级调解等公共服务,又或是积极引入专业社会组织充实调解力量,出资购买社会组织调解服务以加强公众参与的力量,姑苏区基层治理如今已形成了政府与其他社会力量双向互动的"集成治理"新模式。这一新模式避免了由于科层制的条块分割所出现的"踢皮球""打太极""拖字诀"等问题，有效推动了地方治理关系的重构和资源重组，更有助于提升地方基层治理的整体性、协同性、互补性、高效性和简约性，缓解人民群众矛盾，充分发挥人民调解维护社会和谐稳定"第一道防线"的作用，增强了人民群众的获得感、幸福感和安全感。

"老娘舅"人民调解团队和社会矛盾纠纷调解中心的集成治理机制，是以复杂的系统再造和机制再造作为支撑的。其在一定程度上修正了科层制的负面功能，使基层分工由碎片化转向逆碎片化，治理资源从单一化转向多元化，体制机制从刻板化转向灵活化。构建集成治理机制能够更加迅速适应和应对基层所面临的一系列问题，通过整合社会资源，更好地回应人民诉求。政府在与基层社会进行互动的过程中，把人民赋予的权力为人民所用，为社会活力的激发和执政效能的提升注入双重动力。

案例 4
以"法助民主自治"打造社区治理新引擎
——吴门桥街道的实践探索

党的十九大报告明确提出到 2035 年基本建成法治国家、法治政府、法治社会的目标,推动社区治理法治化是法治社会建设的应有之义,也是全面推进依法治国的基石。吴门桥街道近年推出的"法助民主自治,规范小区管理"公共法律服务项目作为政府购买法律服务的一种方式,嵌入原有的社区治理,通过法律顾问这一专业化的社会力量,将社区治理各项事务赋予法律的意义、形成法治化的解决方式,在此过程中提升社区居民法治素养和社区干部依法办事的能力与水平,形成法治逻辑,这对于实现治理体系和治理能力现代化意义重大。

吴门桥街道辖区内现有小区近 200 个,其中近 1/3 的小区无物业管理,且老旧小区比例较高。近年来,小区管理规范缺乏可操作性、自治公约过于宽泛、物业纠纷频发不断等,成了目前社区治理中亟须解决的问题。为更好地解决纠纷,弥补法律理论的实践空白,吴门桥街道探索性地推出了"法助民主自治,规范小区管理"公共法律服务项目(简称"法助民主自治"项目),通过引入专业法律服务团队项目化开展社区管理问题研究,为小区治理"问诊把脉"。居民小区是基层社会治理的"神经末梢",只有直击小区治理的痛点、难点,才能疏通基层治理"梗阻",让群众真正受益。吴门桥街道通过"法助民主自治"项目聚焦小区治理中的共性问题,提升了居民、社区工作者和物业管理方的法律素养与法治意识,切实将项目成果转化成推进基层治理的法治内驱力。

该项目由姑苏区苏和法律服务中心负责,江苏谐达律师事务所作为项目法律顾问,在规范小区业委会筹建(更换)工作流程、制作和展播普法短视频、法律宣传和法律咨询、汇编小区自治法律案例四个方面为项目提供专业法律支持,协助项目负责人提高小区业主自治水平,提升物业公司管理能力，协助社区、街道对小区进行管理，打造更美好的社区。在项目实施过程中，吴门桥街道汇集各方力量，梳理社区自治的共性问题，找出解决问题的方法，形成有益成果，积极打造法治社区、和谐社区。

一、直面困境——"法助民主自治"项目缘起

就城市社区自治而言，在自治、法治与德治相结合的基层社会治理模式中，法治要素是社区自治的基础。现代社区正逐渐从"半熟人社会"过渡到"陌生人社会"，社区居民也具备"成员理性"，这是社区"规则治理"的前提。同时，社区各主体间法律关系清晰，这是社区自治法治化的基础。当然，社区自治的法治化也存在制约因素：业主自治组织机构（业主大会与业主委员会）不完善、自治性制度规范严重缺失，业主委员会在运作中功能扭曲，物业管理尚未完全步入法治化轨道，等等。要实现社区自治的法治化，需要聘请专业法律顾问，明确业主委员会的法律地位，健全对业主委员会的监督制约机制，建立业主参与机制，充分发挥社区精英的主导作用。

1. 紧贴矛盾点，法助民主初展露

在沧浪新城（吴门桥街道），由于所辖社区范围广，且老旧小区比例较高，一直以来，各个小区中的业主、业主委员会、物业三者之间的矛盾纠纷频发不断，困扰着社区治理工作，给居民生活、基层管理和社会和谐造成很多不便与难题。鉴于此，吴门桥司法所以解决小区管理过程中的突出问题为切入点，靶向推出了"法助民主自治，规范小区管理"公共法律服务项目，以期打造小区法助自治模板，形成可复制、可推广的基层治理经验。

社区是一个小型社会，"麻雀虽小，五脏俱全"。吴门桥街道"法助民主自治"项目是社区自治法治化的一个缩影。在完善这个项目的过程中，只有理顺社区各个主体（业主、业主委员会、物业公司）之间错综复杂的法律关系，才能够摆脱目前吴门桥街道所遭遇的社区自治困境。

（1）业主

社区是国家治理的最小政治单元，而业主是整个社区的主人。社区的业主大会作为社区的权力机构，决定社区重大的公共事项，讨论制定《社区管理规约》和《业主大会议事规则》等社区规范性文件，而这些文件，在微观政治单元中，可以比喻为社区的"宪法性"文件。①

---

① 汪俊英. 社区自治的法治化：理论基础、制约因素、实现路径 [J]. 学习论坛，2022（2）：129-136.

（2）业主委员会

业主大会选举产生的业主委员会（简称"业委会"）是代表业主的利益，向社会各方反映业主意愿和要求，并负责监督物业管理公司的一个民间组织。由于社区内大量日常公共事务通常都需要授权业主委员会决定并实施，而业主委员会作为一个自发性的民间组织，存在任期有限、结构不稳、组织松散等固有缺陷，在运作过程中其法律地位又具有较大的不确定性，所以一旦形成授权范围内的工作失误或用权不当，就会造成业主、物业管理公司的利益受损，因此通常会从业主委员会中推选出业主委员会主任、副主任，具体主持社区日常监督与管理工作，以规避其固有弊端。

（3）物业公司

在社区治理框架内，物业公司相当于业主聘请来的"公仆"，对全体业主负责，依据《物业管理服务合同》和《社区管理规约》对社区进行管理服务并收取费用。

除此之外，业主还与居民委员会、街道办事处、房产开发商有着指导、协调、监督等关系①，如图4.1所示。

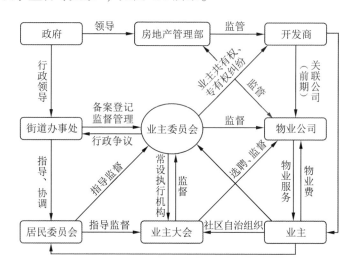

图 4.1　社区各主体之间关系示意图

来源：课题组自制

---

① 陈石磊. 关于业主委员会社区治理纠纷法律适用问题的思考 [J]. 中国应用法学，2018 (6)：78-95.

在社区错综复杂的法律关系中,业主、业主委员会、物业公司三者之间经常出现矛盾和纠纷,而这样的矛盾和纠纷在吴门桥街道的各个社区均有所呈现。相较于业主委员会与居民委员会、街道办事处及民政部门的关系而言,这三者的关系既简单又复杂。通常来说小区一切事务由全体业主说了算。业主推选业主代表,组成业主委员会,业主委员会要为业主的利益负责;业主委员会招聘物业公司并与其签订管理服务合同,物业公司根本上也要服务于全体业主。但在现实生活中,以上关系表现得并不十分清晰,甚至出现了颠倒。业主委员会往往并不能尊重和维护全体业主的利益,缺少一定的工作规程,缺乏监督机制,常常独断专行、滥用权力,越权处理应该由全体业主才能决定的事情。

"法助民主自治,规范小区管理"公共法律服务项目推出伊始,正值A小区业委会因置换物业内部矛盾不休,所以项目组处理的第一个案例就是业委会与物业公司的纠纷。业主、业委会、物业公司三者之间错综复杂的矛盾关系在该案例中得到了完整展现。

  杨某,A小区业委会副主任;刘某,A小区业委会主任。

  在刚刚结束的业委会会议中,因更换物业公司的问题,杨副主任与刘主任发生激烈冲突并报警处理,原因是杨副主任想对历次业委会会议纪要进行拍照,以作为证据揭露刘主任捏造会议纪要文件、暗箱操作物业公司中标等违规违法的问题,但在拍照的过程中,遭到刘主任的百般拒绝。为了维护全体业主的利益,杨副主任想借助法律手段来维护自己及其他业主的权利,但在报警过程中,刘主任想借机逃跑,于是双方产生了肢体冲突。在拉扯过程中,因双方力量悬殊,杨副主任将刘主任的内衣扯破,一场简单的纠纷事件逐渐演变为暴力事件,因此在警察到来之后,两人进入派出所处理案件。但因为此场纠纷主要是社区内部纠纷,派出所在双方签订调解书之后,对于社区内部管理事件无权过度干预。针对该情况,社区居民联系"法助民主自治"项目组的专业律师介入纠纷。专业律师对争议的焦点矛盾进行法律化的释疑,协助相关部门解决业主、业委会、物业公司之间的争端,并最终提出多种方案予以解决相关问题,推动业委会工作进一步展开。

在该案例中，双方之所以会产生纠纷主要原因如下。

其一，之前业委会慎重考量后决定，由杨副主任全权负责物业公司招标工作，但刘主任因与某物业公司交好，对于杨副主任推荐的代理公司极尽苛刻之词，故意将杨副主任推荐的代理公司吓跑，而后自己找了一家代理公司，并采取暗箱操作及编造会议纪要的方式，以达到让自己指定的物业公司中标的目的。这也是一开始杨副主任报警的原因。

其二，A小区现有的物业公司在物业经理的带领下，在疫情防控、车位整顿、小区安全等方面取得了有目共睹的成绩，且该物业公司正在不断调整方案，以增加小区水池景观、车位等。在调整方案、为小区谋福利的过程中，原有的物业费并不增加。为此，"法助民主自治"项目组认为在解决业委会更换物业公司纠纷的过程中，不应该暗箱操作，应让现有的物业公司参与本次招投标，让全体业主在阳光下选出最能维护自己权益的物业公司。

其三，刘主任指定的招投标代理公司制定的投标评分标准未经业委会会议讨论，程序不合规，有指定物业公司之嫌。因此在招标过程中，应在专家库随机选定5个评委确定最终中标公司。"法助民主自治"项目方安排多名专业律师进行调解，多次召开线上研讨会，最终解决了业委会暴露的问题，并且重新选择了最适合A小区的物业。

经过项目组多位律师的协助，刘主任的职务被撤，A小区通过公开招标方式选择了新的物业公司。目前A小区社区自治正在稳中向好地发展。2022年4月，经过合法流程和手续，并且由社区见证，A小区新一届业委员依法依规成立（增选了3个委员，更换了主任）。新业委会成立后，依据第二次业主大会决议（不再聘用原物业，选聘新物业）、相关法律法规和上一年公开招聘失败的经验教训，提出选聘新物业的方案，代表了广大业主的意愿。在"法助民主自治"项目组多名专业律师的协助下，2023年业委会继续选聘新物业，没有任何暗箱操作，公开合理，由全体业主投票表决。这是全体业主的共同心愿，也是"法助民主自治"项目组不断耕耘的成果。

2. 针对关键点，情暖邻里和谐

2021年10月22日，姑苏区吴门桥街道某小区，73岁的杨奶奶正在小区业委会办公室与邻居小王、李大叔还有项目组派驻的法律顾问协商老旧小区安装电梯的问题。由于杨奶奶腿脚不方便，这也是她半个月来第一次下楼。

杨奶奶：唉，我这老风湿啊，腿都抬不动，咱小区的电梯啥时候能装啊？

邻居小王：放心吧，奶奶，电梯家装公司已经做好设计方案了，我们单元只有一楼的李大叔不同意。

李大叔：哼，同意啥？我一楼的要什么电梯啊？你们装电梯关我什么事啊？

邻居小王：李大叔，杨奶奶年龄大了，腿脚不太方便，看在大家都是邻居的份上，照顾照顾楼上老年人，给居委会出个同意安装电梯的证明呗。

李大叔：不是我不想照顾，实在是要我提交房产证啥的很麻烦，何况装了电梯影响我风水的。

社区律师：李大叔，说啥风水不风水的，今天我们特地和街道司法所吴所长、社区王主任还有业委会负责人一起，就是为了你们这一单元加装电梯的事情而来。

李大叔：你别跟我讲这个啊。风水啊，是我们老祖宗传下来的东西，跟你们讲你们也听不懂的，就不要来做我工作了啊，我不可能同意的。

社区律师：您看你们单元其他住户都同意了，电梯家装公司还出了设计方案，之前居委会在小区征求意见、出公告的时候您不是也没反对吗？

李大叔：公告？什么公告？我没看到啊。

邻居小王：公告就贴在小区门口公告栏里，您天天上下班看不见吗？何况当初业委会对家装电梯征求意见，您可是签过字的，相关文件都送交业委会了。

李大叔：这结了婚还能离婚呢，我签字又咋了啊？

社区律师：大叔您看，今天这么多领导都在，就是想来给您做做工作，社区之前播放的普法视频，相信您也看到了吧？根据《民法典》第278条：改建、重建建筑物及其附属设施，只要有专有部分面积及人数占比均达2/3以上的业主参与表决，并且经参与表决专有部分面积及人数占比均达到3/4以上的业主同意，就可以决定。因此，即使您不同意安装电梯，也是干涉不了、阻拦不住的。如果您要硬拦啊，其他业主真的把您起诉到法院，对大叔您是很不利的，而且大家邻居一场，犯不着为了这点小事打官司，您说呢，大叔？

李大叔：啊？什么打官司，那你们去告我吧！

社区律师：打官司是定分止争最极端的手段。邻里和谐要靠大家相互理解、包容、帮助等。现在政府正在全面推进老旧小区改造，着力改善老百姓的居住条件，让大家生活更方便、更舒心、更美好。老旧小区电梯改造，是一项特别重要的民生工程啊。

杨奶奶：小李啊！就算奶奶求你，奶奶的风湿实在是禁不住楼上楼下地爬啊。看在邻居一场，你就帮帮我。

李大叔：这？让我考虑考虑呗。

大家：别考虑了，就今天决定吧！

李大叔：看你们，又是街道和社区的领导，又是律师，又是嘴甜的小王，还有热心的杨奶奶，我还能说啥呢？好吧好吧，同意了，同意了。

近年来，老旧小区加装电梯工程作为一项重要的民生工程，受到多方重视。多地住房"十四五"规划中的老旧小区改造部分都涉及加装电梯。例如，《江苏省"十四五"城镇住房发展规划》提出"补齐幼托、养老、家政等公共服务短板，鼓励支持绿化改造和既有多层住宅加装电梯以及无障碍设施等适老化改造"等。① 然而，目前在实践过程中还存在各种问题，例如加装电梯获取居民同意较难，特别是有些底层住户会由于各种主客观因素拒绝安装电梯，而且有些居民在电梯安装之后也会后悔，由此引发诸多社区矛盾和纠纷。在吴门桥街道老旧小区安装电梯的过程中，项目组通过专业化的普法和强调睦邻友好关系两种手段"软硬兼施"，李大叔和杨奶奶最后笑着解决了问题。这是"法助民主自治"带来的有益效果。

3. 围绕目标点，修订工作指导手册

调研发现，吴门桥街道内普遍存在以下治理难题：小区自治章程、自治公约、文明守则等小区内部制度过于空泛，小区自治氛围不强；领导者缺乏承担自治实践的领导责任意识，导致经常会陷入集体行动的困境；小

---

① 韩丹东. 老旧小区加装电梯咋这么难 [N]. 法治日报, 2022-01-18 (04).

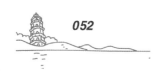

区管理制度和规则未细化、不明确、缺乏可操作性，垃圾分类、楼道治理、停车管理等推行难度大，这些问题常年困扰着小区自治体和居民。为此，"法助民主自治"项目组针对辖区内无业委会的小区进行业委会筹建指导，而对有业委会的小区的业委会更替进行监督，规范业委会成立流程，帮助小区解决自治管理机构缺乏或运行不畅的问题。

在此基础上，司法所召集街道住建局和谐达律师事务所召开了四次专题商讨会，就《业委会成立流程规范指导手册》进行了逐条研讨，而这也是"法助民主自治"项目意图重点打造的有益成果。目前，结合辖区内基本情况并且在参考了部分省市的地方性规范文件后，项目组已经草拟出一份《住宅小区民主自治暨业主委员会工作法律参考手册》并已定稿（图4.2）。"法助民主自治"项目组希望通过这份手册加强法治社区、和谐社区的建设，规范业主大会、业主委员会的成立及活动，保护业主、业主大会和业主委员会的合法权益，协助、指导全体业主正确行使共同管理权力，进一步建立和完善权责一致、依法有序的业主自我治理机制。

图4.2 项目组定稿《住宅小区民主自治暨业主委员会工作法律参考手册》

来源：课题组实地调研拍摄

二、初见成效——"法助民主自治"项目促和谐

1. 多方主体介入，矛盾纠纷就地解决

随着城市化进程的加快，各种文化、价值观交织碰撞，各类风险、挑战不断增多，城市社区承载并消化着社会变革所产生的大量矛盾和纠纷。新的时代背景下，吴门桥街道所推出的"法助民主自治"项目作为破解基层治理难题、化解社区矛盾和纠纷工作的重要一环，应当形成具有权威性又不失灵活性的机制，为吴门桥街道居民提供专业化、法律化服务。

上述A小区更换物业公司和老旧小区安装电梯等案例，就涉及业主与业主、业主与业委会、业委会与物业公司等多重社区矛盾和纠纷。这两个案例，因"法助民主自治"项目组专业法律顾问的介入，业主和相关责任主体了解了其中的法律关系和利害关系，矛盾和纠纷在进入法庭那一层面之前已被提前解决。例如，在吴门桥街道中，老旧小区比例较高，很多老旧小区都面临着安装电梯的问题，随之而来的是高层住户和底层住户对于这一问题的不同意见。为此，项目组的法律顾问在介入纠纷过程中，认为应该吸纳多方主体参与纠纷的解决，在共治过程中建立利益协调机制。一方面，可以探索实行社区业委会成员"分片包户制度"，深入单元中的每户居民，倾听、收集居民对于老旧小区加装电梯的看法和意见并分类登记，反映给街道办、企业等进行沟通协调；另一方面，在相关部门的领导下，社区可以搭建一个由居委会、施工单位、业委会多方参与的平台，为有不同意见的加装电梯参与主体提供公开、公平、公正的解决纷争的途径和机会。吴门桥街道采用了律师的专业建议，社区律师、街道办、业委会成员等多方主体共同参与，杨奶奶所在的单元终于安装了电梯，李大叔也再无异议，邻里关系一如往常，矛盾纠纷就地解决。

2. 拓宽普法渠道，加强基层法治理念

基层治理是国家治理的重要基石。基层治理法治理念完善，则国家治理体系和理念的法治化将逐渐得到完善。为此，在基层社区，应逐步拓宽普法渠道，线上、线上同时进行，加强基层法治理念。

线下开展法律沙龙。项目伊始，项目组就组织相关人员向吴门桥街道各个社区人员介绍项目的实施计划，同时向城市社区居民宣讲基层民主自治的重要意义，以及与自治有关的法律法规和政策，加强基层社区居民的法治理念。在项目开展过程中，就相关利益各方提出的问题和疑惑，针对性地开展法律讲座，增强居民"法助民主自治"的意识。

线上制作普法小视频。"法助民主自治"项目组一经成立，就对吴门桥街道各个社区进行了大量调研，并对社区治理过程中一些常见问题和棘手问题进行座谈采集。截至2022年，该项目已经按计划开展了5场覆盖7个网格20个社区的调研座谈会，形成了4份涵盖30个问题的法律处理依据，并且对其中一些具有典型性的法律问题，如"小区电梯维修费如何承担？""小区更换物业，这些交接事宜你知道吗？""业委会的决定侵害业主合法权益，业主该怎么办？"等，采用以案释法形式在"活力吴门"微信公众号上的"吴门乐法"专题栏目推出，目前累计推出了10期，受到了一致好评。此外,在日常生活中,通过编排生动活泼的手偶短片,在街道和小区内的宣传屏进行播放,用趣味普法的形式增强居民法治意识,营造社区法治氛围。

3. 从"讲理"到"讲法",补齐基层治理法治短板

费孝通先生在《乡土中国》中对农村矛盾纠纷有深入的描绘和总结,乡土生活中人与人之间的关系都有一定的规则,长时间生活在农村社区的人们对于这些规则从小熟悉,因此农村矛盾冲突的主体相对固定单一。[①]近年来,费孝通先生口中的"熟人社会"正在瓦解,人们在传统礼俗文化主导的"熟人社会"中形成的生活方式和处理问题的方式随之发生了深刻变化。在"半熟人社会""陌生人社会"中,规则治理、程序公平变得尤为重要。在吴门桥街道,城市社区中矛盾纠纷的解决逐渐从"讲理"向"讲法"迈进。例如,近年来,作为社区的相关利益方,物业公司与小区业主纠纷层出不穷,仅2020年一年,吴门桥司法所收到的137件非诉案件中,关于物业纠纷的就有62件,占比45%以上。吴门桥司法所坚持把非诉讼纠纷解决机制挺在前面,立足基层"三治融合"模式的探索,有效降低物业纠纷总量,补齐基层治理法治短板。

第一,个案调解化纠纷。2021年伊始的两个月,吴门桥司法所调解了8起物业纠纷。这些纠纷多是由业主对物业服务不满意而拒缴物业费引起,其中甚至有业主长达12年未缴纳物业费。调解员入情、入理、入法的讲解缓解了业主和物业的矛盾与对立情绪,有效化解了纠纷,促进双方达成了调解协议。对于物业纠纷,建立畅通的社区法治自治渠道,使矛盾纠纷在社区内部就地解决,是补齐基层治理法治短板的关键一环。

第二,项目推动促和谐。针对物业纠纷发生频率高、发生量大、问题琐碎、持续时间长且处理不好容易引发群体性对抗等特点,同时为了节约司法资源,吴门桥司法所推出了"法助民主自治,规范小区管理"公共法律服务项目。该项目主要通过规范业委会筹建或更换工作流程等方式,直接从源头上探索解决小区治理过程中难题的方案,从而提升小区自治能力,促进和谐社区建设。

第三,法治长行夯基础。针对部分业主因物业服务不到位而以拒缴物业费的形式进行维权的现象,吴门桥司法所通过有针对性的法律咨询、案

---

① 费孝通. 乡土中国[M]. 北京:北京出版社,2011.

例讲解及定期播放法治手偶情景短片等形式对居民进行普法宣传，减少同类诉请，将业主与物业之间的关系从短期的对抗转移到长期的共赢上，从而达到和谐共治的效果。

三、任重道远——"法助民主自治"项目解难题

1. 打造业委会流程规范，破解治理"散"难题

吴门桥街道下辖29个社区，共有177个小区，其中123个小区有物业管理，54个小区无物业管理，无物业管理的小区中老旧小区比例较高。近年来，吴门桥街道陆续有多个小区在成立业委会或进行业委会换届过程中发生了各种各样的矛盾和纠纷。为更好地解决这些矛盾和纠纷，"法助民主自治"项目组根据《中华人民共和国民法典》《中华人民共和国物业管理条例》《江苏省物业管理条例》《苏州市住宅区物业管理条例》及有关规定，特编写《住宅小区民主自治暨业主委员会工作法律参考手册》，该手册规范了业主大会、业主委员会的成立及活动，保护了业主、业主大会和业主委员会的合法权益，协助、指导全体业主正确行使共同管理权力，进一步建立和完善权责一致、依法有序的业主自我治理机制，并对业委会流程的设立、再造、重选进行了重新规范，力图破解基层治理"散"的难题。

2. 吸纳多元主体参与，破解队伍"弱"难题

"法助民主自治"项目组在前期主要依靠社区律师和江苏谐达律师事务所派驻的专业法律顾问解决矛盾和纠纷。然而，想要推动社区良性自治，提升社区治理法治化水平，不能仅仅依靠社区律师和专业法律顾问的努力，应当培育基层自治组织中的法治力量，吸纳社区中各类主体共同参与，实行自治和法治的结合，形成多元参与的治理格局，以此破解基层法治队伍"弱"的难题。在社区的依法治理中，应注意培育和吸纳"法律明白人""法治明白人"等；在基层法治治理中，应注意援法议事，举一反三地解决基层群众自治事项。

第一，"法律明白人"提速基层治理。"法律明白人"，顾名思义就是具有一定的法治素养，积极投身法治实践，能够充分发挥示范带头作用的一类人，是群众参与基层社会治理的"生力军"。① 吴门桥街道以打造素

---

① 施为飞.12.9万名"法律明白人"提速基层治理［N］.江苏法治报，2022-05-09（A02）.

质过硬的"法律明白人"队伍为目标,为百名"法律明白人"颁发聘书,安排其持证上岗。"法律明白人"能够激活社会治理的"末梢神经",推动基层治理有效、充满活力、和谐有序地升级提速。

第二,打造"援法议事"品牌。"援法议事"指运用法治思维和法治方式协商、决定、办理、管理、监督基层群众自治事项的活动。这里的"援法",是指运用法治思维和法治方式;"议事"指协商、决定、办理、管理、监督基层群众自治事项。① 目前,"法助民主自治"项目组在解决单个纠纷过程中,应将纠纷的收尾与"援法议事"相结合,以普法培训的形式将项目的有益成果进行推广和应用。

3. 拓宽基层治理问题收集渠道,破解诉求"多"难题

"法助民主自治"项目组将继续拓宽基层治理问题的收集渠道,注意整合各社区提出的各种治理难题,借助顾问律师,定期出具法律意见,指导社区基层治理工作,让社区更好更快地应对基层自治问题,破解基层诉求"多"的难题。

首先,在各个小区居委会设立专业法律咨询台,公布法律服务团的联系方式,让小区居民的"多"项诉求得到快速解决,化解基层矛盾纠纷;其次,对有需要建立业委会的小区视情况建立联络群,通过点对点的法律咨询,给予相应的法律意见及指导,并做好相关问题的解答工作;最后,通过点对面的法治宣讲活动等,提升居民自主参与意识,帮助业委会提高管理决策水平及规范意识,多渠道收集基层治理问题,破解基层诉求"多"的难题。

结　语

"法助民主自治,规范小区管理"公共法律服务项目开展以来,项目组成员感受到基层治理工作中很多问题一直在探索的路上,虽然在此项目中形成了一些可以复制的经验成果,但社会治理始终是一个较大的课题,在未来的发展过程中,在破解基层治理"散"、基层队伍"弱"、诉求"多"等难题上仍须再接再厉。

---

① 马太建. 持续打造"援法议事"品牌［J］. 唯实,2021（12）:57-62.

数字治理篇

案例 5
数字助力千年古城"慧"与"惠"
——姑苏区城市运行联动指挥中心管窥

随着数字时代的全面到来,智慧城市建设与社会治理转型被提上重要议事日程并在实践中不断深入推进。在顶层设计方面,"十四五"规划纲要专门设置"加快数字化发展 建设数字中国"章节,强调迎接数字时代,激活数据要素潜能,推进网络强国建设,加快建设数字经济、数字社会、数字政府,以数字化转型整体驱动生产方式、生活方式和治理方式变革。①

在基层实践方面,姑苏区城市运行联动指挥中心(简称"城运中心")平台项目将数字化手段和信息技术与古城特色深度融合,以可视化、全景化形式实时展示姑苏区及各街道运行态势,精准服务于姑苏区居民多样化的生活需求。"慧"与"惠"的同步着力提升了数字化时代这座千年古城社会治理的精度与温度。基于城运中心的成功建设,姑苏区智能化的社会治理模式已成为利用数字技术进行古城保护和惠民发展的典型样板。

一、"一屏总览、一网通办、一网统管":城运中心绘全新姑苏繁华图卷

作为全国唯一的国家历史文化名城保护区,姑苏古城坐拥两千五百多年底蕴,人文积淀深厚。清朝《姑苏繁华图》精细完整地绘录了两百六十多年前繁华甲天下的姑苏。在数字化的今天,苏州城市智能化水平已经提升到全新的高度,融入城市发展、社会治理、生态治理等各领域。以数据为墨、智能作笔的全新姑苏繁华图卷正实时呈现于"一屏观全局,一网管

---

① 新华社. 中华人民共和国国民经济和社会发展第十四个五年规划和2035年远景目标纲要[EB/OL]. (2021-03-13)[2022-07-15]. http://www.gov.cn/xinwen/2021-03/13/content_5592681.htm.

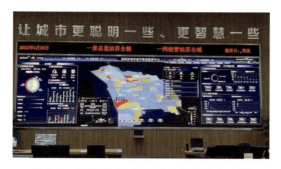

图 5.1　姑苏区城市运行联动指挥中心大屏

来源：姑苏应急管理微信公众号，https://mp.weixin.qq.com/s/V6r1_kxn5znOzKPYC2K_2Q

全区"的城市运行联动指挥平台之上（图 5.1）。该平台是姑苏区对于实现"一屏观天下、一图揽全局、一网管全城、一键全调度"的尝试，是城市治理精细化、数字化、智慧化的新模式，对于激发古城治理的新效能起着十分重要的作用。

1. 成立背景：数字技术的应用与网格管理的升级

对姑苏古城而言，社会治理是一个"老课题"，也是一张"新考卷"。站在新的历史起点上，姑苏区围绕打造历史文化名城的硬核目标任务，主动学习上海等地区"一网统管"经验做法，以"绣花"精神深化基层网格治理效能，破解长期以来的治理难题和发展瓶颈，打通服务群众"末梢神经"，为居民生活提质增效，为幸福生活加码。①

一方面，苏州市 2016 年发布了《苏州市大数据产业发展规划（2016—2020 年）》（以下简称《发展规划》），提出打造"数据苏州"品牌。为具体落实《发展规划》要求，2017 年以来，苏州携手华为等高新技术企业签订了战略合作协议，除助力产业转型升级外，协议还约定在新型智慧城市领域，各企业大数据技术将为苏州市相关部门的智慧城市顶层设计、政务服务、社会管理和公共服务等重点领域的智慧化应用提供整体解决方案。

另一方面，为全面推动城市运行网格化社会治理体制改革创新，实现对各类资源的有效整合，持续优化网格化社会治理，不断提高政府综合管理服务能力，姑苏区委、区政府于 2017 年 7 月启动实施社会综合治理联动机制建设工作，积极探索管理职能和服务资源下沉，不断优化完善网格化管理体系架构。2019 年 9 月，姑苏区出台《姑苏区加强社会综合治理网格化联动机制规范建设实施方案》，构建了"区联动中心、街道联动分中心、基础网格"三级纵向指挥以及区职能部门横向联动的工作架构。此

---

① 范昕怡，周斌. 苏州姑苏区："一张网"破解社会治理难题［EB/OL］.（2020-12-25）［2022-07-15］.http://sz.xinhuanet.com/2020-12/25/c_1126905238.htm.

外，为持续提升为民服务效能，2020年上半年，姑苏区紧扣"第一时间发现问题，最快速度解决问题"目标，出台《姑苏区民生小事快速处置专项经费使用管理办法》，在全区56个网格化联动工作站设立专项经费，帮助解决群众最关心、最迫切的公共服务需求。①

在数字技术应用与网格管理升级的共同推动作用下，2020年9月1日，姑苏区城市运行联动指挥中心、姑苏区社会综合治理联动中心（简称"联动中心"）新址启用揭幕仪式（图5.2）举行，姑苏区城市运行联动指挥平台（简称"城运平台"）同步启用。

图5.2 姑苏区城运中心启用揭幕仪式
来源：苏州姑苏发布微信公众号，https://mp.weixin.qq.com/s/NPAX9GXyidBbElT8sbm-pQ

2. "慧"在何处：城运中心、联动中心的平台功能

姑苏区城运中心、联动中心旨在运用前沿技术，使之成为网格化管理体系的顶层技术支撑，为基层社会治理和服务创新工作保驾护航。姑苏区城运中心办公面积约为1 500平方米，设有城运指挥大厅、联动中心办公区、12345话务大厅、回访组、受理协调科等多个办公场所（图5.3），统筹发挥联动指挥、分析研判、综合协调、应急预警、公共管理等多项功能，努力达到"一屏掌握全貌、一站调度资源、一网管理事件"的高效治理效果。

图5.3 姑苏区城运中心办公场所
来源：姑苏应急管理微信公众号，https://mp.wei xin.qq.com/s/bsLWBmZoMrIIwGHQKkEzmA

城市运行联动指挥平台是姑苏区打造的一套全新的可视化决策分析应

---

① 胡毓菁，虞帆，周斌. 姑苏区网格化社会治理打通服务群众最后一公里［EB/OL］.（2020-11-27）［2022-07-15］. http://www.gusu.gov.cn/gsq/zwyw/202011/6bb85e68d3f8486e881abb2c64d06f13.shtml.

用平台。该平台在建设时应用总集成的模式,运用互联网、大数据、人工智能等信息技术手段,使之成为姑苏区城市治理的"最强大脑"。其通过汇聚全域数据、完善网格机制,借助各种传感器终端、智能感知设备和泛在网络接入,对城市运行体征进行全方位、多层次、多维度的跟踪监控,能够及时分析预警潜在矛盾隐患,推动社会治理从应急处置向风险管控转变,实现"汇数据、监态势、智预警、协周边、统指挥"的"一网统管"治理目标。而且,城运中心运用该智慧系统能够实现区、街两级的"1+8"联动指挥,通过城市运行管理全景展示、高发问题决策研判、突发事件协同作战联合指挥,可以对城区的基础资源、古城保护、社会治理、民生保障、经济发展、政务服务等多个方面进行统筹管理与建设,从而提升姑苏区城市治理平台的综合应用能力,建设高水平新型智慧城市。

依托智慧姑苏项目建设,姑苏区城市运行联动指挥平台构建了"姑苏区运行管理全景图""物联感知""决策支持""协同联动""应急指挥中枢"等功能模块。具体而言,主要包括以下几个方面的重要功能。①

其一,双向流通。城运平台集姑苏体征、感知监测、协同联动、决策支持、应急指挥于一体,将"12345"、数字城管、"110"非警情类、"寒山闻钟"等平台涉及民生服务、城市管理和行政执法等的事项进行整合,建立起与各街道联动分中心、基础网格"双向流通"的联动路径。

其二,隐患预警。城运平台利用大数据和云计算技术,创新打造了姑苏概貌、党建引领、古城保护、民生保障等姑苏体征方面的十大主题库,真正实现了辖区体征、资源实时呈现与更新。同时,该平台也广泛接入公安综治、旅游景区、主次干道、文物单位、水利河道等视频监控及相关部门、街道的信息系统和物联网数据,辅助城运中心及时分析预警潜在矛盾隐患。

其三,应急演练。姑苏区依托城市运行联动指挥平台,模拟制定了疫情防控协查、景区游客落水救援、水质告警处置、商圈人群聚集处置、铁路涵洞排涝、高层住宅起火应急救援、树木倒塌救援、网格工单处置等20余个应急演练场景,不断加强各单位应急指挥、协同作战、资源调度的能力。

---

① 胡毓菁,虞帆,周斌.事关每个人!姑苏"生活大管家"来了[EB/OL].(2020-11-27)[2022-07-15].https://mp.weixin.qq.com/s/5DMyVO5PKSg7MdtkeXkg5g.

二、助力姑苏区"343"网格化建设管理工作：城运中心惠民成效的实景切片

2020年以来，姑苏区结合"三整合"改革工作精神，进一步统筹打造区街一体、实体化的指挥调度中心。姑苏区城运平台汇聚20个部门、10类主题、342万条数据，8个街道完成一体化平台建设，整合接入智慧党建、审批服务、综合执法等信息系统，形成了"资源共享、联动融合、开放共治"的现代社会治理"大联动"格局。全区以包括"一张网"网格化服务管理模式、问题导向事（部）件责任清单、大数据智能化运行平台、指标量化监督考评体系在内的"四大核心要素"为主要抓手，高效处置网格化社会综合治理过程中的各类问题，营造良好的社会环境。

大数据是助力城市发展的新"引擎"。按照"大平台、大系统、大数据"的建设思路，姑苏古城在探索创新网格化社会治理模式的过程中，逐步明确了"343"网格化管理建设方案的工作思路。其中，第一个"3"即明确"精细管理市容环境、防范化解社会风险、持续强化民生服务"三大工作任务；"4"即加强"网格、联动工作站、数据库、平台"四项建设；另一个"3"即从方式上实现"街巷吹哨，部门联动"、从效果上打通服务群众"最后一公里"、从愿景上推动社区生活更加美好的三大目标。截至2022年8月，姑苏区划有1 076个综合网格、133个专属网格，建有街道联动分中心8个、网格化联动工作站56个。

正是在区城运平台项目的助力下，社区网格进一步被打造成为采集信息、发现风险的"第一触角"，化解矛盾、消除隐患的"第一阵地"，便民利民、解决问题的"第一窗口"，群众自治、多元参与的"第一平台"。古城社会治理体系正走向更加精细化、精准化的"姑苏模式"。城运平台赋能网格化管理的智"惠"之力见证于"343"网格化建设三大工作任务中的各个方面。

1. 市容环境的精细管理

（1）河道水域监测

姑苏区水道众多、水网稠密，带来了环境监管、防汛防涝等一系列城市治理挑战。针对姑苏区的独特情况，姑苏区城市运行联动指挥中心可以在其生态环境主题中呈现姑苏区大气环境、水环境、河长制信息和环境执法等重要模块的基本信息。城运平台的智慧城市智能运行中心（IOC）系

统能够根据水位传感器的实时信息,全面掌握水域指标、河道水位、河道治理等动态数据,增强对水域关键指标的管理和对河道沿岸水位的在线巡查与监测力度。在水环境监测领域,IOC 系统可基于水质监测传感器,对水域 pH 值、浊度、溶氧率等关键指标生成监测数据并推送到城运平台,监测数据超过规定值会触发警报。在雨季防汛防涝方面,IOC 系统可根据河道水位传感器的实时信息,全面掌握河道水位情况。在河道治理领域,IOC 系统搜集了姑苏区 30 条区级河道和河长等信息,记录并形成河道人员巡查轨迹,在地图上综合展现;同时在地图上对河道进行地理信息系统(GIS)落点展示,可以自动匹配河道沿岸监控,便于对河道进行在线巡查。①

(2) 古城古迹保护

姑苏区的古城范围大,古迹种类多,人文与自然环境交错,需要精心监测和管理多项工程指数、自然指数,并且充分考虑古建筑随时发生的变化。面向古城保护需求,姑苏区城市运行联动指挥中心监测范围覆盖"环古城河""山塘河"等 9 处河道,由无人机定期进行区域航拍,对沿线保护管理情况进行"体检"。② 特别是针对珍贵的古城墙资源,城运平台 IOC 系统会以 2 个月为周期,按时对胥门、金门、阊门 3 个城门及附近城墙段进行变形监测,主要监测位移、沉降、倾斜等指标,为古城墙安全管理和应急处置提供预警和技术支撑。

(3) 古桥隐患排查

姑苏城内河流密布,承担古城风貌展示和交通运转双重功能的古建桥梁自然必不可少。数据显示,苏州每平方千米有 15 座桥,仅姑苏区就有 185 座。随着时间的流逝和受自然条件等因素影响,不少古桥出现了风化、结构变形、渗水等问题。为做好古桥状况的日常监测及保护,姑苏区应急管理局试点在山塘桥、通贵桥安装感应装置,24 小时实时监测沉降、倾斜情况,数据同步上传至姑苏区城市运行联动指挥中心进行分析研判,及时对桥梁险情予以预警。③

---

① 华为中国政企业务微信公众号. 今日姑苏佳景,俨然数字园林 [EB/OL]. (2021-02-01)[2022-07-15].https://mp.weixin.qq.com/s/fZkzDROxwNR0sKlZ5GwxTQ.

② 华为企业业务微信公众号. 苏州智慧城市群:一座座拔地而起的"数字园林"[EB/OL]. (2021-06-26)[2022-07-15].https://mp.weixin.qq.com/s/doyxGZp8OJ_IujPQN3WXGw.

③ 胡毓菁. 姑苏区探索安全城市创建新模式,对桥梁沉降、倾斜等隐患进行实时监测[EB/OL]. (2021-09-28)[2022-07-15].http://www.gusu.gov.cn/gsq/zwyw/202109/34fe5f837aaf4afe88bbd83daeb887c9.shtml.

"西中市皋桥北侧铁护栏底部腐蚀严重、向外倾斜,存在安全隐患。"金阊街道阊门社区第六网格的网格工作员李某在社区日常检查时,发现并上报了这一情况。收到问题后,金阊街道阊门联动工作站通知城管部门前往现场解决。仅十余分钟后,城管队员杨某即在护栏周围设置警戒线并临时加固,以确保过往人员安全。

这样的工作运行流程,在姑苏区城市运行联动指挥中心大屏上,变成了一张可视化的工单流程图(图5.4)。在这张图上,可以清楚地看到网格工作员和城管队员反馈的现场照片。屏幕左侧,姑苏区城市运行联动指挥中心、金阊街道阊门联动工作站与城管队员正进行三方实时视频联动、视频监控,直击事件的解决进程,发挥网格化管理在社会治理中的"指挥中枢"和"服务触角"作用。①

图5.4 城运中心、街道联动工作站与城管队员三方实时视频

来源:姑苏先锋微信公众号,https://mp.weixin.qq.com/s/d-U-qjM2_oyQfdXecY0gHg

2. 社会风险的防范化解

(1) 老旧小区整治

同样的平台工作运行流程也呈现在老旧小区环境整治的网格联动过程当中。"社区发现不少老新村楼梯间违规安装防盗门、堆放杂物和停放电动车,同时路边还存在占道经营情况。"金阊街道网格工作人员在走访排

---

① 范昕怡,周斌. 苏州姑苏区:"一张网"破解社会治理难题[EB/OL]. (2020-12-25) [2022-07-15]. http: //sz.xinhuanet.com/2020-12/25/c_1126905238.htm.

查中,梳理发现三元一村、三元二村、三元三村中共有150余幢居民楼的一楼楼梯间遭到一楼住户占用,有些住户不仅私自安装了防盗门,还把楼梯间作为自己堆放杂物或者停放非机动车的"私人空间"。杂物的堆放不仅影响了整个楼道的环境秩序,而且存在着很大的安全隐患。然而,居民楼道属于楼道业主公摊面积而非公共场所,这一性质使得其不适用城市管理的相关条款。对此,网格工作员们将连日来发现的问题通过城运平台上报至网格化联动工作站。夏莲、滨河网格化联动工作站迅速组织"门中门"整治专题研判会议,搭建议事平台,牵头联合社区、物业、安监、城管等多方力量共同参与解决方案的讨论并展开了一系列"真刀真枪"的集中整治行动。在"不忘初心、牢记使命"主题教育开展期间,金阊街道已完成150多扇"门中门"的拆除工作,清理楼梯间杂物80余吨,改善了楼道环境卫生,畅通了居民的生命通道。①

(2) 人群聚集疏散

"观前街碧凤坊附近有人群聚集告警,请无人机小组进行现场核查!"在城运中心启用的第一个国庆前夕,姑苏区社会综合治理联动中心开展了一场针对节假日期间商圈人群疏散的模拟演练。当天,在姑苏区城市运行联动指挥平台大屏上,公安热力图分析发现观前街区域人流密度超过阈值,于是第一时间在大屏上弹出告警标牌。随后区城管委派出无人机进行现场核查,该区域所属平江街道启动应急预案,苏州市观前地区综合管理办公室工作人员、蓝天救援队队员等应急力量立刻出动,现场接受平台指令进行分流和维护秩序。短短几分钟,该区域人群得到疏散,道路恢复畅通。②

2022年端午假期,苏州市观前地区客流总量达18.2万人次,恢复至2021年同期的31%,其中客流峰值出现在6月3日15时29分,瞬时客流量达4.7万人次;观前主街客流总量达5.5万人次,恢复至2021年同期的45%,其中客流峰值出现在6月3日15时45分,瞬时客流量达1.6万人次。自5月9日复工复产以来,观前再现人流爆棚。③ 在商圈复工复产

---

① 综合行政执法大队,社区.「网格联动」拆除百扇"门中门"解决群众烦心事[EB/OL].(2019-12-12)[2022-07-15].https://www.sohu.com/a/360059002_99897354.

② 范昕怡,周斌.苏州姑苏区:"一张网"破解社会治理难题[EB/OL].(2020-12-25)[2022-07-15].http://sz.xinhuanet.com/2020/12/25/c_1126905238.htm.

③ 平江街道.小长假观前再现人潮爆棚,平江街道"服务+管理"促进商圈繁荣[EB/OL].(2022-06-15)[2022-07-15].http://js.news.163.com/22/0615/11/H9T9O3D804249CU3.html.

以来第一个假期客流高峰出现前，姑苏区平江街道积极应用城运平台预测在先，措施前置，综合发挥人防、技防、物防作用，实现了以"服务+管理"促进观前街商圈的繁荣和平稳发展。

（3）疫情精准掌握

"各位居民，最近疫情形势严重，请大家做好个人防护。非必要，不聚集，不外出……"新冠疫情防控期间，姑苏区白洋湾街道金色里程社区广场上空，一架闪着红灯的无人机吸引了居民们的目光（图5.5）。无人机发出洪亮的播报声，反复提醒居民一定要做好个人防护工作。

图 5.5　无人机助力基层网格人员新冠疫情防控工作

来源：苏州嗨森无人机微信公众号，https://mp.weixin.qq.com/s/DM361QrqKLeOnErPnn8Fiw

夜间的金色里程广场上，小孩子们在追逐打闹，大人们在谈天说地，宽敞的大广场上散布着一群一群的居民。巡逻的网格人员发现，有一半居民并没有佩戴好口罩。"您好，目前疫情严峻，出门在外请戴好口罩，保护自己也保护家人。"工作人员上前提醒大家。许多居民表示："夏天戴口罩太闷了，戴不住。""感觉我们这边也没病例，不戴也没什么关系吧。"面对这些问题，工作人员一边给大家分发口罩，一边耐心解答，告诉大家佩戴口罩的必要性，尤其是晚上广场上人也不算少，注意防护很重要。最让大家新奇的就是飞在空中的无人机，从社区广场一路飞到了辖区内的商业广场，向沿路居民宣传疫情防控工作要求。无人机是工作人员的"千里眼"，助力观测辖区内是否有举行广场舞活动等人员聚情况。一旦发现，工作人员立即前往疏导，降低疫情风险。①

无人机"喊话"是姑苏区城运中心灵活运用大数据、物联网、人工智能等技术手段，在城市运行"一网统管"平台全力赋能疫情防控工作常态化、精细化、智能化的一个典型应用场景。通过远程视频会议系统，将各部门之间的沟通由"面对面"转化为"线与线"，保障疫情问题实时沟

---

① 周晓青，黄纯瑶. 无人机监控人员聚集，空中发出提醒："请大家做好个人防护"［EB/OL］.（2021-08-14）［2022-07-15］.https://www.163.com/dy/article/GHCEV1F60542OQ18.html.

通;基于大数据中心衍生的全区疫情防控大数据,对辖区的返苏人员、企业复工情况数据进行实时统计分析……在新冠疫情防控中,姑苏区利用城市运行联动指挥中心平台项目,做到了第一时间掌握疫情,进行科学决策、精准施策、高效服务。①

3. 民生服务的持续强化

(1) 智慧养老服务

早上7点,打开智能音箱收听苏州话广播节目;临近中午,通过"惠姑苏"手机应用软件的"幸福助餐"功能一键下单午餐;傍晚时分,戴上智能手环在环古城河健身步道走一段……自从生活里多了这些"新鲜物件",养蚕里新村的孙阿姨成了邻里圈的"潮人"。近年来,姑苏区主动顺应数字化时代带来的新机遇,以"养老+科技"融合产业链为突破口,积极探索互联网在为老服务中的科技引领作用和深入应用价值,提供体检康复、医疗护理、应急救援、生活陪伴、文化娱乐等智能化养老服务,以数字赋能推动养老事业、产业转型升级。②

截至2020年年底,全区60岁以上户籍老年人口数为23.54万,老龄化率达31.48%,位居全市第二。老城的一个特点就是老年人较多,民生保障需求相对更大。面向该需求,姑苏区城市运行联动指挥中心在养老领域进行了布局,可以实时掌握集机构养老、社区养老、居家养老于一体的养老体系的运行情况。其中,重点针对护理院和助餐点,能够展示护理院的基本信息、食堂明厨亮灶视频和老年人就餐的实时监控视频。一旦发生突发状况,可以利用丰富的网格资源,及时联系对应网格的社区机构服务人员和家庭医生进行处理。③

(2) 停车资源盘活

"这几天进小区,每天都能看到不同的新'外衣'。更意外的是,街道给我们划了很多新车位,原来晚上要掐着点回家,怕晚了没地方停车,现在停车再也不是'老大难'了。"白洋湾街道的居民们对焕然一新的小

---

① 胡毓菁. 画好一张图,下好一盘棋,织好一张网 大数据助力城市"硬核"发展[EB/OL].(2020-03-31)[2022-07-15].http://www.subaonet.com/2020/xwzt/xsdxzwxpz/xsdxzwxpz_xpz/0331/8778.shtml.

② 区委宣传部,区民卫局,杨露. 欢迎搭乘"智能养老"快车![EB/OL].(2021-08-14)[2022-07-15].https://mp.weixin.qq.com/s/Kw0nzwrhXURO6gB-Prg1dQ.

③ 华为中国政企业务微信公众号. 今日姑苏佳景,俨然数字园林[EB/OL].(2021-02-01)[2022-07-15].https://mp.weixin.qq.com/s/fZkzDROxwNR0sKlZ5GwxTQ.

区面貌赞不绝口。作为最早的安置房小区,春馨园小区停车位少,占道违停现象屡禁不止,居民反应强烈。社区网格工作员在走访之中,及时将这个问题上报至街道网格化联动工作站。第三方联动工作站积极联合物业、交警、城管、派出所等,对小区内外违停乱象等进行了集中整治。①

老旧小区停车位的增设是实打实的惠民工程,与此同时,城市运行联动指挥中心通过灵活运用大数据平台,对古城街道停车位的划分与违规现象做出精确识别与精准管理。姑苏区从规划设计、智能化建设、扩大供给、错时停车、停车位共享等途径入手,对现有停车资源予以盘活,对潜在资源进行挖掘,进而多维度缓解古城区停车压力,提升精细化惠民水平。一方面,通过"智能地锁"(图5.6)、"高位视频"等智能化设施推进道路停车智能化建设,提升泊位周转率;另一方面,通过摸排区

图 5.6　姑苏区"智能地锁"

来源:苏州姑苏发布微信公众号,https://mp.weixin.qq.com/s/ZvLJhSBJkWe6vwrTd9dhjg

域内闲置土地,开辟临时停车场,以探索潮汐式停车模式,推动停车错时共享。截至2022年5月,在智能化建设方面,姑苏区已完成27条道路、1 122个泊位的"智能升级";在共享停车方面,姑苏区已完成枫桥路688号、阊胥路244号等6处停车场424个停车泊位的共享工作;在潜在车位挖掘方面,姑苏区通过施划路内停车泊位、闲置地块改造等方式累计新增停车泊位7 824个,稳步推进古城停车设施"补短板"。此外,姑苏区还同步夯实城市数字底座,累计对接城市生活广场停车场、虎丘婚纱城停车场等停车场的27 710个泊位动态数据至市级停车管理平台。②

---

① 范昕怡,周斌. 苏州姑苏区:"一张网"破解社会治理难题［EB/OL］.(2020-12-25)［2022-07-15］.http://sz.xinhuanet.com/2020-12/25/c_1126905238.htm.

② 区委宣传部,区城管委,王莉莉. 新增停车位1.5万个,有你家附近的吗［EB/OL］.(2020-04-13)［2022-07-15］.苏州姑苏发布:https://mp.weixin.qq.com/s/uOGAaZl3o4mF-A2PrTFMpg.

(3) 专业市场监管

检查市场内有无婚纱非法加工、规范汽车和电瓶车停放、拆除影响逃生的金属障碍物、检查市场内消防安全和环境卫生……这是苏州机电五金城专属网格的网格长郭成栾每天早上 7 点到晚上 7 点的工作日常。如今，偌大的市场内，经营环境整洁，交通秩序井然，消防安全到位。除了苏州机电五金城，白洋湾街道辖区内还有新东方汽配城、钱万里桥小商品市场、一力钢材市场等六大专业市场。人员流动大、人货混杂，一直以来都是专业市场监管的痛点。为此，白洋湾街道率先设立 16 个专属网格，探索实践专属市场网格化监管新路径，打造专属网格管理样板示范区。其中，每个专业市场均明确为 1 个专属网格。每个专属网格均配备网格长、副网格长、兼职网格员、网格顾问，由市场运营方和街道城管、交警、安监等部门人员共同组成。① 而在载体平台化方面，近年来姑苏区城运中心助力街道专属网格实现了街道联动分中心、联动工作站和专属网格工作站的信息互通，并进一步使其发挥工单派发流转、指挥、调度等功能，逐步完善街道专属网格工作人员智能设备配发，不断提升专属网格智能化工作水平。②

三、当千年姑苏城发展遇上数字技术助力：城运中心智慧守护的建设经验

在数字时代这一新的发展阶段，姑苏区城市运行联动指挥中心守护古城瑰宝与推动社会精细化治理的示范性和先进性来自以下方面。

第一，融智慧于全区。伴随着信息与通信技术的普及和人工智能、"互联网+"、区块链等数字技术的发展，数字治理已成为当前城市社会治理转型的主流方向。数字技术的引入有助于促进信息沟通的便利性、社会治理的精准性、危机化解的及时性等多方面城市管理水平的提升。对此，姑苏区城市运行联动指挥中心以实现"一屏观全域，一网管全区"的智慧功能为目标，在和城市基层网格工作契合相融的基础上，采用多元数据集成、大范围监测覆盖、多领域数据联动等方式，完成了整个姑苏城区线上

---

① 范昕怡，周斌. 苏州姑苏区："一张网"破解社会治理难题［EB/OL］.（2020-12-25）［2022-07-15］.http://sz.xinhuanet.com/2020-12/25/c_1126905238.htm.
② 白洋湾街道. 复工防疫又快又稳的"秘密武器"，今后还将更加智能化［EB/OL］.（2020-04-13）［2022-07-15］.https://mp.weixin.qq.com/s/iJj1BsRQqU7EoiNvBMZRIw.

线下高密度社会事务与数据信息的全覆盖,将智能化数字技术延伸至社会治理的各个领域和每一个城市居民个体。

第二,惠民生于实处。习近平总书记曾多次提出"人民城市人民建,人民城市为人民"的要求,"人民城市"的城市治理理念彰显了以人为本、为民服务的价值向度,保障和改善民生始终是城市更新与发展的初心所在。姑苏区一直以来都将惠民理念贯穿于城运中心建设和应用的全过程,以智能化数字技术助力"343"网格精细化治理。从河道水域检测、古城古迹保护、古桥隐患排查等方面的市容环境精细管理工作,到老旧小区整治、人群聚集疏散、疫情精准掌握等方面的社会风险防范化解工作,再到智慧养老服务、停车资源盘活、专业市场监管等方面的民生服务持续强化工作,无不体现着服务人民价值理念的真切落实。

第三,促发展于创新。时代是多变的,环境是复杂的。面对日新月异的社会背景,古城的保护与治理从来都不应故步自封、思维僵化。当下,即使引入数字技术激活社会多元力量、赋能城市社会治理,也从来不是一劳永逸的做法。在不断更新的现实情境下,姑苏区始终坚持创新增效,用改革精神聚力探索古城保护和社会精细化治理的发展之道。未来,"智慧惠民"的城运中心还将进一步在已有基础上,继续联合房屋管理系统、道路桥梁信息管理系统、应急管理综合应用平台等重点平台项目,推动城市治理创新,助力古城在实现信息化、数字化、智能化的发展道路上行稳致远。

案例 6
姑苏"好管家"履职记
——沧浪街道数字化治理平台实践与推广

随着我国城市化建设进程的不断加快,保障城市高效稳定运行这项任务变得日益繁重,提升城市治理体系和治理能力现代化水平的需求日益迫切。党的十九大报告指出,要打造共建共治共享的社会治理格局,加强社区治理体系建设,推动社会治理重心向基层下移,发挥社会组织作用,实现政府治理和社会调节、居民自治良性互动。然而,社会发展历经加速转型阶段,利益主体的多元性使得社会的矛盾日益加深,社会问题慢慢地浮出水面。诸如还差"最后一公里"、治理末端的"差不多"等乱象仍然困扰着现代社会。社区作为社会构成的基本单元,对其发展过程中凸显的难题的治理是否得当,很大程度上关系到整个社会能否稳定和谐。单靠传统的依赖政府单一主体的粗放式管理已经难以适应当前经济转轨与社会转型背景下的城市社区治理现状和治理诉求。

作为一座千年古城,苏州拥有众多开放式老街巷,这些老街巷既是苏州千年文化底蕴的彰显,也给苏州古城社会治理提出了治理难题。一方面,开放式街巷人口流动复杂,外来人口、流动商贩等层出不穷,社会治安问题成为城市治安管理的薄弱环节;另一方面,居住其中的老年人口居多,社区老年人口的管理成为社区基层治理的棘手之处。老街坊小区的治理难题如何破题?早在十多年前,姑苏区沧浪街道(原沧浪区南门街道)不仅给出了畅想和计划,还给出了实践方案——"好管家"社区综合管理服务平台。

一、"好管家"初上线

提及对于"好管家"的理解和初始印象,不同人的脑海中总是能涌现一个个对于家庭、社区、企业组织管理效能提升的生命个体,他们或是默默付出的家人,或是辛勤耕耘的社区管理者,或是精明能干的企业组织掌舵者。超越古代贵族式管家、近现代酒店式管家，国家与社会关系重构基础上的社会自主空间场景再造为新时代"好管家"提供了全新的时空背景。不同于早期家庭、宗族、单位等传统微观组织，社区成为国家与民众互动的基础界面和个体组织化的微观组织单元。以支持家庭发展为指归成为当代"好管家"的普适化价值观念。①诸如电网和水管改造、停水停电、健康体检、灾害天气预报等事关居民生活的重大信息，网格群都会提前告知，社区网格群由此成为居民的"好管家"。早在2007年，姑苏区沧浪街道首倡的"好管家"尝试给出了自己的实践注解。

针对老街坊社区的特殊性，道前社区积极探索开放式老街坊综合管理新路子，通过建设"好管家"社区综合管理服务平台，使辖区居民安全感不断提升，不稳定因素明显下降。针对老城区社会治安问题，"好管家"的"好眼力"首先大显神通。初代"好管家"成员主要包含25个监控探头和8只远程调音喇叭，同时设有监控室、警力室和城管备勤室及服务区，对道前社区0.163平方千米内的12条街巷进行24小时不间断管理和服务。该平台还可与110指挥中心、城管局等部门实行互通、互动、互送资料，统一对公共场所进行监控，扩大了掌控面。平台集小街小巷治安消防监控、紧急救助、社区服务于一体，有效延伸了公安治安监控触角。服务平台开通后，南门派出所选派治安辅助人员，会同城管队员，在监控室执勤及街巷内巡逻，发现情况可通过电话、电台与派出所及时沟通，派出所也可通过互联网远程调取监控图像。自平台试运行以来，刑事案件同比2006年下降75%以上。这为"好管家"平台初始服务的2 000多户居民编织了一张24小时不间断监控管理的保护网。

对于老街坊小区的另一个治理难题——老年人群居家养老问题，"好管家"同样交出了一份优异的答卷。借助电话线和呼叫中心推出居家养老"一键服务"：老人在家按一个键，社区就会结合前期系统录入的老年人基础信息，为老人提供紧急救助、生活服务等及时性便民服务。针对独居老人，沧浪街道推出"沧浪好管家"红外电子语音提示门铃，对即将出门的老年人予以提醒："沧浪好管家提醒您，出门时关煤气、关电器、灭香烛，别忘了家中安全哦。"记忆力不好的老年人也能对这个熟悉的播音耳熟能详。电子提示门铃直线感应距离可达8米，且可按照老人的身高、活动范

---

① 张秀兰，徐晓新. 社区：微观组织建设与社会管理：后单位制时代的社会政策视角［J］. 清华大学学报（哲学社会科学版），2012（1）：30-38,159.

围调整角度,一般感应范围在60°内。只要有人靠近门边,提示音就会响起,夜间还可能成为防盗的"报警器"。在社区服务方面,"好管家"也可以根据居民需要提供医疗卫生、城市保洁和居家养老等优质高效的综合管理和服务。在道前社区的试点推广取得实质性成效后,沧浪街道先后在13个社区安装监控探头300个、巡更点100处,覆盖了3.25平方千米区域,从而实现对各社区情况实时监控、网格化管理①,即在"好管家"一期平台的基础上进行了二期、三期的智能化升级、体系化延伸、规模化拓展。

二、"好管家"升级版

在提升综合治理成效、满足老年居民养老需求的同时,"好管家"的功能不断得到拓展,已从单一的监控平台成长为一个综合城市管理平台。在前期部分社区的试点推广中,"好管家"升级版——"一网四平台"应运而生。② 据了解,"好管家"城市网格化管理系统在硬件配备、力量整合和管理机制上都属创新之举,网格站运用监控和人员路面巡查相结合的方法,整合了包括社区民警、治安辅助人员、城管执法队员、协管员、社区工作者、保洁人员、综治司法人员、大院管家、消防志愿者等在内的14支队伍,及时发现和处置各类治安管理、市容管理、外来人员和境外人员管理、纠纷调处、广告宣传和施工管理、社区消防等城市治理问题。

在服务内容上,"好管家"业务拓展至城市违章停车整治。在巡视巡查过程中,遇到车辆违停时,监控平台利用高清探头远程截取车牌号码,然后通过交巡警平台找到车主的登记信息。通过车主留存的手机号码,巡查人员立刻发送提示短信,不到10分钟,违停车辆的驾驶员就赶到现场,将车辆开走。"鼠标一点,违停不见"有效解决了以往违章停车发现慢、难处置、执法被动的问题,这是"好管家"平台在社会管理信息化中的又一项运用。在服务对象上,除了辖区的居民之外,"好管家"平台还面向归侨侨眷,及时反映侨界群众在就业创业及养老、医疗、社会保障等方面遇到的问题,推出侨政咨询、医疗救助、家政服务、维修配送等20多项

---

① 苏州:姑苏"好管家"助力平安新社区[EB/OL].(2013-06-07)[2022-07-20]. http://mzt.jiangsu.gov.cn/art/2013/6/7/art_55087_6761282.html.
② "一网"即街道政务内网,"四平台"为依托政务内网建立的民生服务平台、城市管理平台、综合治理平台、经济服务平台。

服务，加大保障和改善侨界民生力度。

除了自上而下地解决综合整治问题和向老年人、归侨侨眷等提供服务外，"好管家"再度升级，上线"好管家·民意快车"系统。该系统依托信息化手段，将居民的诉求输入网络平台，通过网上流程提高解决问题的效率。对于居民提出的诉求，"民意快车"全程记录办理流程，并以"三级预警、五色管理"进行督办。对于每一件民生诉求，"民意快车"在接办时都会按轻重缓急进行三级预警标注，分成"3天""5天""10天"，规定办结期限，逾期没有办理的，就亮红灯提醒，最后回访居民进行满意度测评，并直接生成"网络民情日记"。此外，采用现场"四步工作法"，即倾听民意在现场、解决问题在现场、情况反馈在现场、感情沟通在现场，使办事流程透明公开。

三、"好管家"模式解码

"好管家"从系统平台上升为管理模式，将突击整治与长效管理有机结合，取得了良好的示范效应与社会反响。这不仅是基层治理领域的实践创新，更是将自上而下的管理思维和自下而上的服务思维有机结合基础上的模式创新。该模式成功的关键在于"事权"基础上的政府职能深度对接及"自治权"基础上的社会资源广泛链接。

1. "好管家"历经平台集成与模式发展的双重迭代

从启动建设到三期规划全部实施投入使用，"好管家"平台经历了从单一功能到智慧式集群管理的发展过程。如果把监控探头比作"眼睛"，那么街道就不断地在"好管家"平台这个"头脑"里植入智慧，先后加载了治安防范、消防安全、市容环境、交通安全、食品卫生安全、流动人口服务管理和特殊人群管控等十多项功能，建设了城市管理中心等九大功能模块及社区居民信息库等五大数据库，整合资源力量，形成平安建设源头治理、综合治理、共同治理和依法治理的良好局面，社会管理科学化水平不断提升。从治安管理、城市管理到社会管理、民生服务，"好管家"平台实现了由"管控"到"善治"的转变。① 无论是平台的集成还是模式的不断升级，核心在于居民自治的不断完善：通过搭建信息化的、便捷的民意沟通交流平台，方便社区各利益相关者通过民主协商合作处理社区公

---

① 沧浪街道. 苏州沧浪街道有个数字化的"好管家"［EB/OL］.（2013-05-31）［2022-06-20］.https://news.sina.com.cn/c/2013-05-31/063927273100.shtml.

共事务。

2. "好管家"模式遵循在管理中彰显服务、在服务中完善管理的双重逻辑

从被动解决问题到主动发现问题，"好管家"平台在摸清底数的同时更明晰了居民的需求。"好管家"平台通过社区民警、协管员和责任社工等上门走访，对网格内实有人口、出租房屋等信息进行全面采集。对每位来社区的外来人员，社区都上门走访了解情况，并为他们消除后顾之忧，先后为居民开展了入托入学、育龄妇女计生检查、健康教育等温馨项目。在主动服务过程中，通过有效的信息挖掘与提炼，生动的"好管家电子地图"成功上线。沧浪街道通过打造网上"810"服务圈，将辖区便民、养老、文体、平安、创业等服务信息通过"好管家"平台向居民进行展示，并可以提供线上服务。同时，通过电子地图加强对特殊人群的科学管理。对社区矫正对象、刑释解教人员、吸毒人员等实行"五色管理"，管理人员可以从地图上直观地了解该片区特殊人群的状态，有针对性地实施服务管理，加强对危险区域的重点管理。整个平台从发现问题、处置问题到反馈结果，形成了"闭合回路式"的管理体系，实现了城市部件与事件管理的数字化、网络化和空间可视化，有效实现了对城市的"科学、严格、精细、长效"管理。

3. "好管家"模式遵循职能对接与资源链接的双向互动

一方面，推动自上而下的管理关键在于打通政府管理的部门壁垒，整合网格内公安、城管等各条线和社区的管理力量，构建科学管理、快速反应、依法处置、协同保障、优势互补、资源共享、全天候运转的城市网格化管理体系，并与110、119、120联动。纵向上由"好管家"总平台下设4个社区网格站分平台，综合14支专业或义务管理队伍构成，具体实施治安和市容管理；横向上由街道牵头，公安、城管联动，综合9大类工作实施统一指挥、协同管理，以二级网格、三级管理全面推行即时管理机制、治安联动机制和法治自治机制，使南门地区形成全天候、全覆盖、网格化、精细化、人防技防相结合的城市管理新格局。另一方面，实现自下而上的服务效能提升的关键在于广泛链接社会组织、居民自治组织等社会资源。诸如，在便民服务方面，基于"好管家"平台的资源链接功能，社区对现有的便民服务项目进行梳理，落实服务责任人，同时链接社会资源，与社会商业服务网点签订服务协议。对于服务质量的保障，借鉴网络商城

用户评价的思维,采用"五色打分法",以设定的绿色、蓝色、紫色、橙色、红色代表服务质量的满意程度,如绿色代表对服务非常满意、物美价廉,红色则表示非常不满意、价高质劣。居民评价的满意度决定社区与社会商业服务者之间协议的存续与否。"好管家"模式的实践难点也正是其模式的亮点所在——不仅能满足社会管理与服务的精细化要求,更能满足社区居民差异化的需求。①

四、"好管家"模式推广

早在2011年,"好管家"网格化管理模式即在苏州全市范围内掀起推广学习热潮,部分报道见表6.1。实践不仅是检验真理的唯一标准,也是检验"好管家"模式的唯一考量标准。治理模式的优越性,不仅体现在其概念与理念的首倡创新性,更体现在其对于实践发展的持续推动力。从2007年首次上线运行至今,"好管家"模式历久弥新,在引起广泛社会关注的同时,也产生了较强的示范作用。

表6.1 "好管家"引起的广泛报道(部分)

序号	媒体	报道标题
1	《新华日报》	苏州:姑苏"好管家"助力平安新社区
2	《苏州日报》	"好管家"织就社区安全网
3	《苏州日报》	把突击整治与长效管理有机结合 姑苏区推广"好管家"模式
4	《姑苏晚报》	"好管家"开出网上"民意快车"
5	《姑苏晚报》	姑苏区推广"好管家"模式 整治与管理有机结合
6	《新华日报》	苏州沧浪街道有个数字化的"好管家"
7	《城市商报》	苏州南门"好管家"引起中央媒体关注
8	《苏州日报》	姑苏区实施4大技防项目 监控探头紧盯背街小巷
9	《姑苏晚报》	苏州城市管理新模式:好管家网格化管理推广

注:该表由课题组根据相关报道整理而成。

---

① 倪黎.基层社会管理创新剪影:以苏州市沧浪区南门街道为例[J].群众,2011(7):55-56.

1. 双塔街道:"子城在线三网四通"社会管理综合服务平台

双塔街道充分利用计算机技术、地理信息技术、移动通信技术等现代手段,以科技为引领,以信息为主导,以网格化管理为手段,以居民个性化需求为导向,整合基层服务管理资源,探索建立了全面覆盖、功能齐全、动态跟踪、联通共享的"子城在线"社会管理综合服务平台。该平台将辖区379个监控探头统一接入。细小到辖区内的一个垃圾桶、一口古井,复杂到每家店铺、每个监控,"子城在线"平台都进行了细致的记录,大大便利了不同部门之间信息的查询和使用。而且,平台最新一次升级还构建了视频数据库、人口数据库、企业数据库三大数据库,真正绘制了基层社会治理的"立体智慧地图"。"子城在线"平台以视频、人口和企业等三大数据库为基础,通过街道、片区和社区三级网格,整合辖区公安、城管、交警、工商、民政、卫生、计生等工作人员进行全天候监控管理。街道依托管理内网、"幸福之窗"便民外网和移动管家e网等"三网",实现服务管理"四通",即资源整合一点通、平安保障一点通、百姓生活一点通和区域服务一点通,从而有效地对辖区治安防控、城市管理、交通管理、人口数据、民生需求、企业服务、法律服务、社会组织和内务管理等实施信息化、社会化、全程化、网格化、精细化、联动化管理,提升百姓安全感和幸福指数。

2. 金阊街道:"巷管家"项目

姑苏区金阊街道按照区委、区政府"精细化管理""景区化标准"等要求,于2020年11月开始,在中街路片区(中街路社区、环秀社区、养育巷社区)试点探索实施"巷管家"项目,为古城开放式生活区和背街小巷提供精细化管理与服务。"巷管家"项目依托中街路网格化联动工作站建立,联动工作站设有站长、专职副站长、副站长等职务,还有综合行政执法大队人员、公安干警、综治中心工作人员、市场监管人员、交警、法官、司法社工、物业管理人员、安全顾问、律师、环卫保洁人员等下沉管理力量和服务力量的参与,形成了立体融合、时刻在岗的多元力量实位坐班体系,综合管理团队的主要职能力量从中调取(图6.1)。基础网格人员由专职网格员(网格长)、副网格长(兼职)、网格员(兼职)及网格志愿者等组成,以"第一时间发现问题、上报问题"为主要目标,承担着"巡查走访、信息采集、知情报情、民情回应"等职责。在平台建设方面,"巷管家"实施"1+4"管理模式,即1个"巷管家"调度中心,下设联合共享中心、矛盾调解中心、调度指挥中心、集成办公中心等四大功能中心,实现信息共享、统一指挥、协同作战,形成一个高效智能的片区指挥管理系统。通过"巷管家"项目的运行,金阊街道将把中街路片区打造成为基层社会精细化治理的先行区、古城全域景区化塑造的示范区、市民游客深度品读古城的体验区、城市环境高品质生活的样板区,为历史文化名城形象展现、城市有机更新和活态传承一体化、网格化基层治理深化发展、精细化城市管理纵横拓展探索优秀经验和先进样板。①

图 6.1 "巷管家"工作站

来源:江南时报网,http://www.jntimes.cn/jsdt/sz/202111/t20211116_7313522.shtml

3. 白洋湾街道:"新湾好管家"治理模式

与此前道前社区发展中遇到的瓶颈如出一辙,白洋湾街道也遇到了与老街巷类似的发展窘境,这也构成了"好管家"模式的推广契机。宝祥苑小区是姑苏区白洋湾街道最大的保障房小区,出租户和外来人员较多,人员流动性大,管控难度较高。与其他街道"好管家们"从社区社会面辐射到重点人群的管理方式不同,"新湾好管家"首批用户是宝祥苑小区全体居民。该小区推出的这份"指尖套餐"集"智慧门禁""智能预警""智享服务"三大功能于一体(图 6.2)。小区所有的楼幢都没有门铃,居民

---

① 金阊街道探索古城开放式生活区精细化管理[EB/OL].(2020-11-16)[2022-07-20]. http://www.gusu.gov.cn/gsq/zwyw/202011/fb4afa19c2ab454d8dee7c15ac372a51.shtml.

图 6.2 "新湾好管家"智能门禁

来源：澎湃新闻·澎湃号，https://www.thepaper.cn/newsDetail_forward_16225982

仅能通过刷脸、联系物业或扫描二维码这三种方式进门，严格限制进入人员，进而全方位助力小区智能化管理，以实现"智能技术+智慧运用"，真正提升宝祥苑小区的智能治理效能。此外，白洋湾街道还以"物防+技防+人防"为前提，为宝祥苑小区开发了消防通道占道违停、规定点位乱扔垃圾、高空抛物、物联设备告警、孤老人员关怀等5类智能预警项目。同时，社区还为辖区24户60岁以上独居、孤寡、空巢老人提供精准服务，安装了融合5G等信息技术并与街道一体化平台相连接的"智慧铃"。一旦遇到火灾等危险情况，老人只须"一键呼叫"，后台工作人员就可迅速定位，及时开展救援。①

五、"好管家"的时代价值

在姑苏区，"好管家"已成为城市基层创新治理的代名词。跨越姑苏区设区以来的建设发展史，"好管家"秉持"共建共治共享"的创新理念，在传承发展古城文化的过程中，塑造了社区精细化治理的"苏式生活"典范，彰显了历久弥新的时代价值与实践意蕴。

1. 共建共治共享创新："好管家"是一支多主体融合的团队

多部门工作力量在属地一体化抱团工作，是属地管理模式高效解决问题的重要基础。在传统的城市治理模式中，各条线力量各司其职、各自为战，管理过程中条线边界模糊，容易出现互相扯皮推诿的现象，导致具体问题"三不管""管一半"。"好管家"模式包含城市管理、派出所、交警、巡特警、安监、消防、市场监管、物业管理、环卫保洁、社区等"10+N"多单位公共服务人员，这些服务人员下沉"进片区"，在片区"一体融

---

① 姑苏区白洋湾街道保障房小区引入"新湾好管家"治理模式［EB/OL］.（2022-04-26）［2022-07-20］.http://www.gusu.gov.cn/gsq/zwyw/202204/37fd5632de9741528d5fdcf84d401d9e.shtml.

合",综合联动,协作推进各类公共管理和服务事项。

引入专业化物业服务力量补齐片区民生保障短板,是提升基层公共服务实效的必要抓手。在古城大量开放式、无物业背街小巷里,物业缺失、服务缺位等一系列问题一直是民生服务的难点与痛点,大量居民日常生活小事难以解决。通过"好管家"项目,对症下药,按照"缺什么补什么"的原则,政府微投入,引入专门人力,对民生兜底保障。一方面,让修门锁、接水管等百姓小事有了着落;另一方面,推动第三方探索低偿增值服务,在坚持公益性的同时探索市场化的方式,让项目能够行稳致远。

全民参与共商共议,是古城街巷风貌长效提升的有力保障。在基层治理中,居民群众归属感强不强、参与积极性高不高,决定了获得感、认可度高不高。"好管家"引导全民参与,以"民声"促民生,坚持"对症下药",以实事惠民生。搭建"有事好商量"、民心议事亭等群众议事平台,引导居民全面、深度参与街巷治理各项工作,唤醒居民、商户的主人翁意识。"街角怎么改,居民说了算","绿化怎么种,居民来参与"。在美化提升行动中,通过借景让居民院子里的花成为街巷公共的景,通过群众议事、管家办事等方式,切实提升了居民的参与感、认同感和获得感,实现了基层治理从单向度到多维度、从单一化到多元化的转变。

2. 古城全域景区化塑造创新:"好管家"是一种古城文化的微传承

基础设施微更新和空间功能齐修补,是街巷风貌优化提升的关键方法。街巷是古城的血脉,承载着古城的记忆,见证着古城的历史。然而,街巷基础设施破损、环境卫生脏乱、空间功能缺失,使得古城街巷魅力渐失。同时,古城街巷众多,如果全面更新则投入大、周期长。"好管家"项目探索实施微更新、微改造等小微方法,通过立体绿化、墙体美化、景观小品点缀、历史文化挖掘呈现、游客交互设施配置、卫生死角改为街心公园、建筑新村征收地块开辟为停车场、利用街道资产增加非机动车充电棚等一系列举措,既实现了"花小钱办大事"的效果,化解了资金压力,又实现了街巷气质与颜值的有效提升,一批精品文化街巷已成为游客和市民的网红打卡地。

文化挖掘和特色主题塑造,是街巷历史文化资源活化利用、释放文化价值的有效路径。古城中一砖一瓦尽含文化,一街一巷皆有故事。"好管家"在保留古城肌理,做好微更新、微改造的基础上,整合街巷历史文化资源,深挖文化底蕴,唤醒城市记忆,传承历史文脉。以"一街一特色、一巷一品牌"为目标,打造"记忆马大箓""花意东百花""诗意王洗马"三条特色街巷,形成"可漫步、可阅读、有温度"的网红打卡街巷空间,吸引新兴群体打卡游玩,释放古城活力因子。同时,在幽暗深邃的古巷里安装夜景灯,照亮古朴迷人的粉墙黛瓦,方便居民和游客夜晚穿行、游玩。此外,打造立体绿化,引入诗词典故,借古街巷描摹流动文脉,使破旧老街巷成为文化地标、打卡地标,将普通老街巷塑造为文明典范街巷。通过文化赋能赋新,古城街巷变得更有生命力,更有厚度,更有品质,形成了江南文化特色街巷。

3. 社区精细化治理创新:"好管家"是一种苏式生活的微典范

一是补齐技防短板,实施"云上巡控"。优化整合辖区内各类监控,将其接入"好管家"调度中心,以信息化手段织就一张全方位、全覆盖、立体化的"天眼"监控网络,实现全域覆盖、全网共享、全时可用、全程可控。实施机动车限行装置安装、非机动车停车区建设等微改造,规范停车秩序,整治区域乱象,改善出行条件,提升区域整体形象。推进安防平台、NB无线烟感、可燃气体探测器、电气火灾探测器、微型消防站、一键式呼叫器"六位一体"智慧安防系统建设,补齐辖区安全基础设施短板,完善并优化区域公共安全体系,以智能加固基层治理"最后一公里",呵护居民群众的幸福与安全。

二是打造人防样板,实施"平战结合"。基于"平战结合"理念,建立平常状态下划片值守、动态巡防与特殊情况下机动联合、兵团作战相结合的联勤联动模式,通过常态演练和联动磨合,提升各股力量在突发紧急状态下瞬间转换工作状态、即刻投入高效联动的应急处置能力,打造一支"一队多用、一专多能、平战结合"的铁军队伍——于平时坚持岗位值守,加强巡查力度,强化安全隐患摸排,常态化治安检查,确保辖区安全;在战时提高警惕,勇于挑担子,敢于拔钉子,破难题,打硬仗——真正实现"平时好用,战时管用"。

社会治理篇

案例 7
拥抱夕阳红
——古城养老的幸福之道

基层治理，是推进国家治理体系和治理能力现代化的重要内容。党的十九大报告强调："增进民生福祉是发展的根本目的"，必须做到"在发展中补齐民生短板""保证全体人民在共建共享发展中有更多获得感"。而老龄社会治理体系作为基层社会治理体系中的重要组成部分，其战略地位也越发凸显。2021年10月13日，时任苏州市市政府副秘书长、苏州市老龄委副主任马九根在"庆祝苏州市第34个老年节大会暨文艺汇演"活动致辞中表示，苏州将落实积极应对人口老龄化战略和新发展阶段工作要求，持续推动共建共融共享的老年友好型社会建设，大力推进居家社区机构相协调、医养康养相结合，不断提升老年人生活品质和生命质量，最大程度激发老年人活力，在更大范围、更高水平上实现老有所养、老有所医、老有所为、老有所学、老有所乐。

截至2020年年底，姑苏区60周岁以上老年人有23.05万人，占全区户籍人口的31.10%，总体呈现基数大、增速快、空巢化等特点。为解决为老服务对象多、服务需求多样、养老资源分散、空间资源紧张等问题，聚焦老年人多样化、个性化的养老服务需求，姑苏区以老年友好型社区建设为抓手，重点发展社区"枢纽型"综合为老服务中心，不断深化"嵌入式"养老服务内涵，探索打造以"家门内—楼道口—大社区"为主体结构的多层次适老化服务体系，最大限度地满足老年人"原居安老"的愿望，让古城老年人的颐养体验从"养老"变成"享老"，做精"苏式生活典范"的呈现形式，擦亮"国家历史文化名城保护区"的金字招牌。

一、桂花"夕阳红"——实事做到点子上，情谊暖到人心里

在一个阳光明媚的周三，66岁的林阿姨踏入了位于沧浪街道的桂花综合为老服务中心。她就居住在旁边的小区，今天来到服务中心护理站，

主要是来做日常的健康检查。她看着房间里运转的智能测压机器,将手臂放入指定位置,平稳呼吸,随后,机器便灵活地按照程序测量老人的血压,用智能语音读出了屏幕上的测量数字——"高压120,低压75,您的血压处于正常范围"。林阿姨向社区工作人员笑道,"这几天我的血压稳定得很好啊。"对此,为老服务中心的志愿者红姨表示,在附近的社区,像他们这类上了年纪的人不少都患有慢性病,而自从这个为老服务中心建成启用,配备了一定数量的智能设备之后,老人们的生活起居和健康管理水平都得到了很大的提升。

在沧浪街道6.17平方千米的区域内,居住着2.6万名老年人,占户籍总人口的三分之一。为此,近年来,沧浪街道持续积极推行以政府搭台引导、助推民营资本、集聚社会力量为基础的"三位一体"新型养老服务,全力打造"老少共融、全龄友好"街区,深化"颐家乐园"的养老服务品牌,进一步完善了720度为老服务全景图。辖区内建成的3个综合为老服务中心,总体辐射覆盖21个社区,全方位形成了集康养结合、智慧温暖、文化共享、老少共融于一体的沧浪养老服务网络,持续构建着沧浪幸福养老的"苏式生活"。

不仅如此,为了实现"1+1+1"(社区卫生服务中心+国药护理站+社区养老综合体)的医养结合模式,桂花综合为老服务中心还引入了一大批体现智慧养老理念的互联网信息设备,如指引咨询机器人、健康照护机器人、健康智检箱、生物雷达、智能呼叫器、智能药盒、智能体征监测垫等。其中,健康照护机器人具备人脸识别登录、日常检查检测(血压、血氧、心电、体温、血糖、总胆固醇、尿酸、腰臀比等)、视频通话、娱乐陪护等多项功能,能够让老年人在日常空间中近距离地获得便捷、易用的健康服务,以此实现"家门口的智慧养老"。

作为附近小区的苏州老土著,林阿姨对这样的变化很满意,她赞叹道:"现在的科技大不一样了,以前哪有这么好的条件。我们在农村的那个年代,上一辈都是靠赤脚医生上门治病,现在只要我们(老人)有需求,有时候都不用提出来,就有人主动来帮忙。"她指了指自己的手机,一脸欣慰道,"这是我小女儿给我买的,本来还担心他们上班了自己年纪大不会用,还好社区的工作人员帮我、教我,我也慢慢学会了。现在的机器上都可以直接操作,通过网上的菜单,查到需要什么(服务)。住在这里的(人)就更不用愁了,你在服务中心的房号、吃食,'蓝牌子'上面都清清楚楚，家里人也放心。"实际上，林阿姨所说的"蓝牌子"，就是设在桂花综合为老服务中心入口处的智慧大屏（图7.1）。

图7.1 智慧养老数据中心大屏

来源：文化沧浪，https://m.sohu.com/a/495115693_121106832

这块LED屏幕的面积很大，老人们一眼就能看清上面的文字和内容。它可以实时链接、更新整个中心内部的养老工作动态，充分、清晰地展示日间照料中心里面所服务的老人总数、分类、数量、年龄分布，甚至包括老年人具体入住的时间及生日提醒，方便服务中心的人员在当天及时做好接待、祝福等工作。①

对此，负责管理服务中心智能系统的小刘介绍道："在定位监控页面，我们是可以看到服务中心内所有老人的实时位置分布的，还有活动轨迹，有异常情况的话它也会立刻发出警报。在照护页面，智慧管理系统可以更加具体地显示护理站的服务情况，包括护理站的服务地图、服务类别、服务总数及当日服务情况，为老年人群及其家属提供'看得见''随心选'的居家服务。还有一个需求对接页面，专门用来全方位、多样化地向老人和他们的家属展示医疗护理项目，让他们可以根据自身的需求进行网络下单。"可见，这些智慧应用在很大程度上解决了老人们可能出现的行动、

---

① 姑苏区沧浪街道办事处：苏式养老 幸福沧浪——桂花综合为老服务中心启用［EB/OL］.（2021-10-14）［2022-07-01］.https://mp.weixin.qq.com/s/U-EmX2pnsr2ga5681VnKPg.

就医、外出等不便的困扰，也令服务中心的建设满意率得到大幅提升。小刘调出一个安全档案，上面清晰地显示着入住人员的照护床位信息。小刘举例道："这位72岁的马爷爷平时容易头晕，行走时跌倒风险比较高。所以在他的房间里，我们对防滑地毯、拐杖的把手、抽屉的扶手都做了适老化改造，客厅里面我们也会特别注意进行定期的安全性评估。从建床到服务、质控、反馈环节，我们形成了一个闭环式的全程管理，实时监测老人们的居家状况，一人一个档案、一床一个号码，实时更新，也能更有针对性地照顾老人。同时，在风险性较高的照护床位，我们还配备了一键式的呼叫响应设备，为老人们的居家养老安全保驾护航。"

对于房间的居住环境、功能分布区的设计，桂花社区负责人补充道："我们中心覆盖建筑面积1 339平方米，基本辐射了街道东部区域内的5个社区。作为沧浪街道第二家为老服务中心，我们整个建设是以医养结合的社区康复圈为定位的，所以区域内部全面覆盖了适老化设计，既聚焦了社区长者的刚性需求，也结合了区、街道两级对养老服务的新要求。我们的目的是打造一个居家照护、社区康护、社区医疗相结合的为老服务中心。"在功能覆盖上，桂花综合为老服务中心更是设置了8个功能服务区域，包括专业照护服务区、智慧养老服务区、营养膳食服务区、非正式照料服务区、医疗康护服务区、辅具适配与适老化改造服务区、社区生活服务区、文娱活动服务区，尽可能满足老人们的康复医疗、生活应用与精神娱乐需求。

随着太阳的升起，午餐时间临近，居住在社区附近的老人们络绎不绝地来到为老服务中心，社区助餐食堂也排起了长队，而顾阿姨和她的一行老友们便是冲着今天食堂菜单上的红烧狮子头来的。顾阿姨表示："以前没来过，经常觉得这里菜贵，又担心不干净。半个月前，阿娟（顾阿姨的邻居）来了，又给家里老头带了饭回去，味道好的呀！前两天我就也来了，试过以后觉得不错，就经常来了。"她和朋友们抬头看着墙壁上3—5元不等的爱心菜单，脸上洋溢着开心的笑容。除了基础的助餐、助娱、助浴等日间照料服务，中心也创新地开展了医疗、康复、休养相融合的特色服务，在医疗康护服务区开设中医康复理疗室，根据老人的康复需求，引进传统康复、运动康复及器械理疗项目，如碳酸泉疗养体验、"三高"预防知识讲座等，帮助老人提高生命质量，延缓身体各项机能的衰退。对此，护理站的工作人员小唐表示："我们特地划出一部分空间，用来将老人的康复休养和运动相结合,开展了各式适合老年人的运动健康服务。针对患有慢性病的老年人,我们还会根据老年人的健康档案设置慢性病管理小组,有个伴儿了大家就能交流分享相关的经验、互帮互助,这样的疗养效果更好。我们相信自己,能做到全方位、全天候地满足老年人群的多样化需求,为姑苏老人打造一种能够互动的、充满活力的沧浪式养老生活。"

现场过来做康复护理的长者们说起护理站的推拿手法,都是赞不绝口。然而,也偶尔有爷爷奶奶会吐露自己心底的担忧:"现在护理站里头的(人),我们都熟悉了,(毕竟)体验过也放心了,以后可怎么办?要是小唐、柳医生他们走了,招来的人还够不够好?万一不靠谱,我这把年纪了,万万受不得折腾啊!"带着这样的疑问,调研人员走进了桂花综合为老服务中心的办公室——门外醒目地张挂着"苏州(姑苏)养老服务能力建设基地"的招牌。

负责基地建设的工作人员一边走一边介绍,打消了来访者心中的疑虑:"实际上,桂花综合为老服务中心同样是我们姑苏区内第一家落地的'苏州(姑苏)养老服务能力建设基地',是由苏州市民政局、保护区管委会与国药康养实业(上海)有限公司共同建设的。纸上谈兵是行不通的,我们这个基地以实景体验、实训赋能、实业发展为目标,尤其关注通过沉浸式、场景化的教学手段介绍养老服务设施使用、空间布置、服务内容及功能、产品等。我们认为,用实际的场景促进教学,可以事半功倍。通过案例模拟、实战演练等方式,我们从业人员的基本上岗素质可以不断提升,这也有效缩短了我们的服务人员在机构内的上岗适应时间。"在办公室一整排的白色书架上,还陈列着一部分关于护理站建设工作的"宝典"。这些书籍包括居家护理标准化工作、护理站标准化建设、社区居家服务标准化运营管理、家庭床位建设与服务规范、护理服务等方面的手册,通过对这些手册的学习,桂花社区现在所建设的社区护理站已经基本具备了在站内或上门为长期卧床的长者、患者、残疾人、临终患者和其他需要护理服务者提供一系列护理服务的能力,如基础护理、专科护理、临终护理、消毒隔离技术指导、营养指导、社区康复指导、健康宣教等。

对此,有患者家属送上了这样的好评:"这大大为我们(家属)减轻了护理负担。我们有孝心,但有时候也实在不懂要怎么帮助家里的长辈。我父亲的轮椅、下楼梯的辅助工具……都是咨询了护理站的工作人员,在他们(辅助用具适配师)的指导下改造完成的,效果很好。让专业的人做专业的事，我们也省心了！"可以看出，桂花社区的养老服务能力建设基地依托专业技术准则与标准化团队开展养老护理员、护士等的培训工作，处处透露着科学化、标准化的气息，让老百姓在家门口就享受到了专业、优质的康复医疗服务，也真正实现了"以老人为中心建设出一支专业的照护团队"的服务目标。

调研人员走出实训室，又碰上了吃完午饭的顾阿姨，她换了一身黑红相间的裙装，和大厅的志愿者闲聊她下午的安排。原来，顾阿姨是要去参加社区的夕阳红老年学堂。顾阿姨笑眯眯地展示着手机里的照片说道："我是2019年在我们社区广场那边看见夕阳红老年学堂的汇报演出团，觉得很精彩，才有了参加的想法。你看（展示当时的照片），节目里还有苏州的评弹，演出《茉莉花》的演员都穿着长衫、旗袍，别看才学了一年，大家都像模像样的。我在台下面问（他们），这个大学有没有意思，他们那些学唱上海戏曲的说，有意思得都不想从老年大学毕业了！"顾阿姨当时对此很是羡慕，她后来托儿子问社区的老年大学怎么报名，在和家人商量之后，便加入了老年声乐班，现在定期去参加课程，最近她主要在学习《我和我的祖国》《幸福万年长》等歌曲。

据悉，2019年以来，沧浪街道在桂花社区、养蚕里社区设立的苏州市老年大学夕阳红老年学堂已招收老年学员416名，开展课程240次。根据社区需要，学堂为社区老人搭建了一个老有所学的教育平台，开设声乐、舞蹈、戏曲、书法、摄影、美术、养生等课程，让行走不便的社区老人能"活到老、学到老"，基本实现了老年居民不出家门、不离社区就能体验互帮互学、互相交流的特色养老生活的愿望。夕阳红老年学堂还在疫情期间利用社区的直播软件，开设了"乐龄云学堂"等老人们喜闻乐见的线上项目，既丰富了老年人的精神文化生活，也提高了老年人晚年的生活质量和幸福指数，收获了一众老人的好评。

不难看出，姑苏区沧浪街道高度关注老年人的生理健康、心理健康与精神文化生活，不仅在社区建设上充分发挥了"智慧沧浪"的优势，为"老人办事，替子女分忧；想老人所想，做健康实事"，更积极主动地挖掘老年人潜在的文化需求，让思想走在"银发浪潮"前，真正做到了"将民生实事做到点子上，将温暖关怀送到人心里"。

二、山塘"万年青"——七里锦绣"漫"生活，千年趣味"熟"文化

吴侬软语，咿咿呀呀，夏日午后的山塘，连行人的步伐都显得慵懒、惬意。穿梭在千年山塘的一街一巷，呼吸都浸润着古色古香的味道。唐代诗人杜荀鹤曾这样描述姑苏：

> 君到姑苏见，人家尽枕河。
> 古宫闲地少，水港小桥多。
> 夜市卖菱藕，春船载绮罗。
> 遥知未眠月，乡思在渔歌。

虎丘位于苏州城的西北部。相传春秋时期，吴王夫差葬其父阖闾于此地，葬后三日，出现一头白虎盘踞其上，故名"虎丘"。而苏州城的山塘街，长约七里，人称"七里山塘"，为唐代诗人白居易在任苏州刺史时所建。住在虎丘、山塘一带的家户依山傍水，旧时风貌俨然。

在这样古色古香的区域里，要真正挖掘老人们的喜好与需求，可不是件容易事。思来想去，虎丘街道的规划选择了以"山塘文化"为切入点，依托自身特有的地理优势和人文背景，紧紧把握"一街一河、一山一塔"的文化脉络，将姑苏珍贵的非遗文化和苏作手工工艺相串联，期望通过历史文化展馆、评弹书场、文创纪念（手工义卖）、助学大课堂、网红小吃和传统技艺活动等形式，打造"苏韵养老"的全新标杆。如今看来，这个规划是十分具有前瞻性的。

65岁的邱大爷穿着白汗衫和半身裤，背着手，一边散步，一边触摸街边墙上鲜艳的墙绘，眼中散发出柔和的光彩，"姑苏区的一砖一瓦，看着普普通通，活的年纪兴许比我都长啊……"这段路的尽头便是虎丘街道的潭子里综合为老服务中心，邱大爷是这里的常客。按照他的话说，一个人坐在家门口无聊得"骨头痒"，时常觉得时间漫长。不久前这里刚建成，他得了空闲就来逛，在这里遇到了不少棋友。今天便是和朋友约好了，要在这儿下上几盘象棋。

走近门口，映入眼帘的绿植郁郁葱葱，让人分不清山里山外。2021年6月，虎丘街道潭子里综合为老服务中心开始正式启动运营，这里是姑苏区第一家苏式园林主题的综合为老服务中心。潭子里综合为老服务中心

位于潭子里58号，建筑面积达750平方米，也是虎丘街道在建的两个综合为老服务中心之一。该中心毗邻山塘街历史文化街区，周边有虎丘、留园等风景名胜，既有着积淀深厚的历史文化，又有着风格鲜明的苏式建筑。① 关于如何深入地融合苏式养老与山塘文化，政府的工作人员可没少下功夫，首先就是要将"书中的记载"变为大众的"喜闻乐见"与"口口相传"。

1. 挖掘"狸"式动漫IP，凝聚颐养之"乐"

苏众皆知，虎丘街道的七里山塘，又被称为七"狸"山塘。在七里山塘到虎丘的路上，有七只石狸猫镇守山塘河边，可以说是"一里一桥一只狸猫"，这七只狸猫在河水悠悠、斜晖脉脉的岁月里逐渐与广大的苏州民众结下了深厚的地缘之情。因此，虎丘街道以山塘七狸为原型，创意性地打造了"潭小狸"的文化养老IP形象，并将"潭小狸"作为潭子里为老服务使者，结合"助餐、助浴、助急、助医、助学、助洁"养老服务六助内容，打造了狸大厨、狸堂倌、狸管家、狸郎中、狸先生、狸理发师等生动卡通形象。"潭小狸"文化创意开发组表示，通过百变"潭小狸"的养老六助主题来开展活动，可以在满足传统养老服务的基础上，让原居的养老服务更有趣、更快乐。此外，"潭小狸"助老文化还结合传统二十四节气，开展深受老年人欢迎的传统民俗文化趣味游戏活动，在快乐养老、健康养老中一步步深入拓展"苏式养生""文化养老"的养老概念。

2. 打造沉浸式"五感花园"，体验颐养之"美"

为使山塘的老年人能够在光阴四季中颐养天年、享老养老，潭子里综合为老服务中心为老街坊们打造了一座场景化的"五感花园"（图7.2），刷新了老人们的苏式养老美学新体验，令大家能时刻感受到原居养老的"苏式慢生活"。这一"五感花园"分为味觉食疗区、视觉斑斓区、嗅觉芳香区、听觉天籁区与触觉抚触区。这一设计的出发点在于让老人们能够在缤纷有趣的"五感花园"中，通过视觉、听觉、嗅觉、触觉、味觉等全方位体验，从内心深处感受并爱上舒心愉悦的"老苏州"颐养之美。

---

① 姑苏健康养老：虎丘街道潭子里综合为老服务中心正式开业[EB/OL].（2021-06-30）[2022-07-01].https://mp.weixin.qq.com/s/_YsZiNXCB-6WkcuWCwzGhA.

图 7.2 潭子里"五感花园"走廊

来源：网易新闻，https://m.163.com/dy/article/GDQ7QA4905149NFU.html？spss=adap_pc

为进一步充分利用"五感花园"的景观景致，潭子里园林会定期开放，利用园子里栽种的花草树木设置一些"五感活动"，通过栽种、培植等田园活动，增加老人们户外锻炼的机会，融老少互动和趣味体验于一体，让老年人在足不出户感受大自然四季变化的同时，进一步提升日常生活的丰富性。负责潭子里食堂的王叔说："园里也会种植一些水果蔬菜，像红番茄、西葫芦、长豇豆、红薯、小辣椒这些，也是饭堂的时鲜蔬菜，我们去采摘、清洗，经过烹饪后端上老人们的饭桌，一方面是足够新鲜，另一方面对老人来说，自己经手的食物吃起来也更有'满足感'。"

在听觉天籁区，园林移步换景、错落有致，穿过芭蕉树丛外的围栏，转头又是高高的枇杷树，而住在潭子里的老人们通常愿意在躺椅上小憩一会儿，聆听耳边的雨打芭蕉。邱大爷下棋的"老地方"属于视觉斑斓区——一棵百年广玉兰绿荫之下，三三两两的象棋爱好者们拿着蒲扇，聊天、品茶、下棋，惬意自在。漫步园中，闭上双眼，一旁的屋顶花园似乎传来阵阵芳香。拾级而上，两位奶奶在这里陶醉于绿植的栽种，而朝不远处抬头，便可以一眼望见包含虎丘塔、北寺塔两座宝塔的地域美景，可谓快哉。除了室外的一步一景之外，潭子里的室内构造也都富含巧思。走进书画社，桌椅门窗、摆件装饰、墙壁绘画等，都颇具设计感，而在其中娱乐的老人们，神情也是怡然自得。常来书画社的廖阿姨描着一幅丹青表示，自己年纪大了，除了喜欢摆弄花花草草就是爱画画。在山塘住得久了，比起外面繁华的街景，更觉得清静、幽居的地方难得。这边里里外外的设计她都很喜欢，有时候自己在窗户边画画，还能看到外面的野花。

3. 拓展熟年文化品牌，丰富颐养之"用"

依托虎丘、山塘丰富的历史文化底蕴，潭子里综合为老服务中心还开设了苏匠学堂、东坡书房、海涌茶馆、天工坊等文化型的养老空间，倾力打造"非遗+文化+养老"新模式。其中，苏匠学堂邀请非遗传承人进行授课，其授学理念立足于传承非遗技艺，通过让老人们了解非遗手工艺、参与手工艺制品的制作，促进彼此之间的交流互动，为老人们提供全新的养老体验。

在园林内向北延伸的裙楼处则是苏作展堂，按照功能和布局设置了东坡书房（书坊）、天工坊（手作展堂）、通贵修理铺（服务驿站）等区域。书坊主要用来为老人书画娱乐活动提供场地，手作展堂用于陈列老人们在生活、学堂中的手工技艺作品，而展堂东侧的服务驿站则提供日常修理、缝补相关的便民服务，以满足老人们基本的生活所需。此外，海涌茶馆、天工坊内等还会定期开设评弹书场、助学大课堂等，全面刷新老人的养老体验。助学大课堂的创设秉持"老有所养、老有所用、老有所乐、老有所为"的文化养老理念，以尊重乐趣、享受乐趣为基础，真正打造契合老年人代际记忆的学堂品牌，挖掘出"银发人群"的熟年价值。

七里锦绣"漫"生活，千年趣味"熟"文化。虎丘街道建成运行的潭子里综合为老服务中心，以区域性养老体系建设和老年人群全周期需求为目标，倾力打造出机构、社区、居家三位一体的、覆盖全龄段的综合养老平台，既切实为周边社区老年人提供了全方位养老服务，也建成了姑苏区内第一家文化养老服务综合体。这一举措迈出了打造"小而齐备、小而精致"的"桃源养老"的第一步，在积极探索辖区内"养生养老""苏式养老"等现代化养老新模式的同时，真正走出了一条"以资源禀赋精巧匹配发展特点"的社会治理新路径。

结　语

"年老亦登高，拥抱夕阳红"，姑苏区作为苏州历史最为悠久、人文底蕴最为深厚的中心城区，在养老服务设施建设中，始终以老年人精神层面的需求为目标，将传统工艺、地方曲艺、节气时令、中医养生、现代文创

等文化特色融入建设与服务设计，在文化养老领域建立"姑苏模式"，提供"苏式方案"。

截至 2021 年 10 月，姑苏区已有 29 家养老机构、11 家综合为老服务中心、88 家日间照料中心、多家居家养老服务组织，编织起了"居家+社区+机构"三位一体的养老服务体系。同时，综合为老服务中心的服务能级不断提升，已有 7 家设置嵌入式社区卫生服务机构，5 家设置"喘息式"照护床位，全区已建成的 76 个全科医生工作室服务覆盖了 21 家日间照料中心。自 2017 年起，姑苏区已为近千名老年人进行家庭适老化改造，而 2020 年夜间照护服务开展以来，总服务次数已达 7.5 万次，① 在有效扩大普惠性养老服务供给"载体"的同时，也为低收入、高龄、独居、失能、部分失能等老年人群体提供了涉及医疗护理、康复保健、生活照料、精神慰藉等方面的全托、日托和临托等多项具有针对性的服务。在不远的未来，姑苏区内的区域性养老中心将实现对 8 个街道的全面覆盖，旨在以公建民营的形式，切实地为老年人"送温暖、办实事、做好事、解难事"，让辖区老年人不出"15 分钟养老服务圈"就能享受到专业、温暖的为老服务，从而真正地探索出一条古城养老的幸福之路。

---

① 冯丹霞，何其玮.《幸福养老在姑苏》绿皮书发布　解读"苏式"养老新模式［N］. 新民晚报，2021-10-29（14）.

案例 8
打破围墙，筑起幸福
——双塔街道老旧"微小区""共享物业"的探索之路

自单位制解体后，物业一直在基层社会治理中占据重要地位，是推动社区发展的"三驾马车"之一，要构建共建共治共享的社会治理新格局，物业管理是重要的一环。然而，姑苏古城内存在许多老旧"微小区"，这些小区建成年代较早，长期存在失养失修失管、市政配套设施不完善的治理困境，而且由于楼栋零散、住户较少、居民的缴费意愿不强，成本与收益不对等的现实窘境使得物业管理公司"望而却步"，因此，这些老旧"微小区"长期处于物业失管的状态。

为破解古城区老旧"微小区"物业管理难题，提升居民的生活质量，2019年，双塔街道引入"共享物业"新模式，打破老旧"微小区"的"围墙"，以点带面，实现把邻近的多个"微小区"串联成一个"大社区"的大物管社区治理模式，摆脱了小区无物业的管理困境，用最小的成本获取最大的收益。该街道成功打造了"共享车位""共享绿地""共享议事厅"等多方面阵地，构建了资源共享、服务共享、双向互助的共享模式，实现了资源利用的最大化。

一、物业缺管，老旧"微小区"能幸福起来吗？

城镇老旧小区是指城市或县城建成年代较早、失养失修失管、市政配套设施不完善、社区服务设施不健全、居民改造意愿强烈的住宅小区。[①]双塔街道坐落于苏州古城区，这里有着两千五百多年的历史文化积淀，存在着众多古物古迹，同样也有许多老旧"微小区"。据统计，截至2021年，姑苏区共有登记在册住宅区域1 014个，含4幢及以上的建成住宅小

---

① 国务院办公厅. 国务院办公厅关于全面推进城镇老旧小区改造工作的指导意见[EB/OL]. (2020-07-20)[2022-07-20]. http://www.gov.cn/zhengce/content/2020-07/20/content_5528320.htm.

区 670 个，有 3 幢及以下或居民户数不足 30 户的零星住宅区域 334 个。此外，建成住宅小区还有 64 个老新村、1 个定销房小区、214 个商品房小区处于"物业缺管"状态。

"相王弄 49 号"就是一个坐落于苏州古城内的老旧小区，已建成近 30 年。弄堂幽深，隐藏着姑苏人的柴米油盐，蕴含着青墙黛瓦的姑苏文化。作为一个典型的老新村，"相王弄 49 号"在过去的很长时间内都没有物业管理的概念，小区的杂事主要依靠居民自治和社区管理。

"我们小区由于是建成很久的老旧小区，以前换灯泡、运送垃圾都是我们自己动手的。"小区王阿姨这样说，"后来，社区承担了小区日常管理的一部分职能。"但是，社区工作人员在日常工作中既需要完成上级政府布置的许多条线任务，又需要面对基层社会治理工作，在高强度的工作压力下，还要兼职倒垃圾、修水电等，效率低且收益不高，即使疲于奔命也很难让居民满意。

随着城市更新发展速度的加快，房屋老化、绿化面积小、停车位不足等问题给居民带来的困扰日益增多，引进物业管理迫在眉睫。然而，由于居民习惯了街道、社区"兜底"的形式，因此面对市场化的物业企业缴费率不高。对于物业企业来讲，物业管理的人力物力投入与零星的物业费收入是严重不对等的。

2013 年，"相王弄 49 号"迎来了"老旧小区改造计划"，在政府的支持下，物业公司进驻小区，相王弄也引入了联谊物业。物业公司接管后，对小区的基础设施进行了一系列升级改造，重新粉刷 21 幢居民楼的楼道、扶梯，还改善了小区的门岗值守制度，增加了小区的巡逻管控。那段时间，居民的安全感和幸福感都得到了很大提升，但是物业公司很快就难以为继。"我们一共接管了 4 个小区，这些小区的物业费是每年每户 100 元，其中网师花园仅 40 户居民。"联谊物业公司负责人任先生介绍道，"这些老旧小区住户零散，本身物业费收入就不高，而且小区设施老旧，维修次数多，安保的压力也很大。"

尽管小区住户存量较小，但是物业公司仍然要承担安保、绿化、维修、保洁等全套功能，门岗保安与巡逻保安要实行"四班三运转"，需要 8 人，经理、保洁员、绿化养护员、维修工等技术人员至少需要 12 人。"相王弄 49 号"一共 260 户业主，每年的物业费为 2.6 万元。除此之外，物业公司可以收取改造后的停车位管理费用，70 个车位可以获得 13 万元左右的收入,加起来一共15.6万元左右。但单是人力资源的费用一年都远不止15万元,何况物业公司还要承担环境提升和设施升级的任务。长此以往,物业公司只能被迫退出。为了破解这一成本与收益不对等的困境,双塔街道开始探索"共享物业"模式,安排邻近多个"微小区"共享一个物业团队,以期在保证服务质量的同时降低成本。

二、姑苏样本:"共享物业"究竟是什么?

2018年下半年,双塔街道开始尝试"共享物业"管理模式。最初是将网师花园、带城桥路47号、相王弄49号、南石皮弄20号四个小区进行整合,由联谊物业公司负责总体管理,形成一个有620户业主、45 000多平方米的"大社区"。2019年到2020年,"共享物业"的规模扩大到9个"微小区"。

1. "共享物业"的原则

首先是"就近"原则。为确保物业服务公司及时、准确上门服务,需要尽量在同一区域内选择相邻或者就近的几个"微小区",小区间距不宜过大,最好处于电瓶车"十分钟共享圈"内,同时满足业主与服务人员双方需求,避免过度奔波。

其次是"择优"原则。"择优"是指在引进统一化管理"大社区"的物业企业时,要仔细甄选,择优而取,充分考察物业企业服务质量,切忌出现路径依赖的内卷化倾向,"熟人择优"更是不可取。

最后是"居民自愿"原则。小区居民是小区的主人,是物业的直接服务对象,"共享物业"开展工作也需要居民的支持与参与。因此物业企业的进驻或者更换需要得到居民的认可,需要经过居民代表大会或者社区两委主办的相应投票程序征得居民同意。居民对于物业公司的认可度提升,物业费的缴纳率也会相应提高,物业企业在能够维持日常运转的同时,也会有多余经费改善"大社区"的基础设施和环境,满足居民的基础民生需求,从而在小区居民间形成较好的服务口碑,进而有利于物业企业后续服务工作的开展。这是一个良性循环,有利于形成物业企业和居民的双赢局面。

2. "共享物业"的功能

根据《中华人民共和国物业管理条例》,物业企业应对房屋及配套的设施设备和相关场地进行维修、养护、管理,维护相关区域内的环境卫生

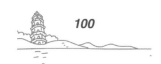

和秩序。① 因此，一个小区内的物业管理团队需要配备项目负责人、保安、保洁、水电维修、绿化养护等人员。"共享物业"的模式就是"一套班子+共享功能"，以降低成本，实现资源合理配置。

（1）一套班子

构建"大社区"，实施"大物业"管理，实际上是将每个老旧"微小区"作为一个小单元，因此，首先需要具备一个完整的物业管理团队，以便调配。这个管理团队包括项目负责人、保安、保洁、水电维修、绿化养护等人员，由于小区间距离基本处于电瓶车"十分钟共享圈"内，只需要保证在每个"微小区"的小单元中配备站岗人员和安保巡逻人员，在任何一个小单元出现突发状况时，都可以在"十分钟共享圈"内及时调度到位。

（2）共享功能

建设"共享物业"模式后，老旧"微小区"实际上组成了一个大型社区，物业公司只需要在每个小区设立一个固定门岗，巡逻保安、保洁工、绿化工、维修工、经理等则由4个小区共享，这样就大大降低了物业的人力资本支出。

共享项目经理。项目经理负责跟踪和监督整个"大社区"的物业服务质量，负责业主的投诉处理工作，定期了解业主对物业的满意度，避免业主的投诉；负责对物业企业的工作人员进行培训和指导，管理小区物业管理费收缴情况。不需要一个小区配备一名项目经理，三四个小区可共享一名项目经理。

共享绿化修理服务。"共享物业"配备了绿化工，轮班在几个"微小区"内定时修剪花草。"我们小区的花花草草现在弄得可整齐了，以前还有人占用小区的公用地种菜，现在这种现象也少了，小区的环境也变好了。"小区的王阿姨高兴地说。

共享清理垃圾服务。垃圾清理人员每天早晚在每个小区定时清理垃圾。"现在小区里的环境可好了，垃圾定时清理，总算没有之前一到夏天就难闻的味道了。"小区的居民对现在的环境很满意。

共享日常维修服务。"小区的路灯坏了怎么办？""单元的门锁坏了也长时间没人管。""家里的水管堵塞了也不会弄。"……这些困扰着小区居

---

① 中华人民共和国国务院. 中华人民共和国物业管理条例［EB/OL］.（2018-03-19）[2022-07-20]. http://www.gov.cn/zhengce/2020-12/26/content_5574569.htm.

民的日常琐事终于有了解决办法。多个小区共享物业维修，有效解决了物业维修人员少、技术有限的问题，提升了维修速度和质量，也增强了居民的幸福感。

共享小区安全管理。小区巡逻保安实行轮班制，3人或4人一组，分时间巡逻整个"大社区"。"每天看着小区里面有巡逻的保安，感觉特别安心。"小区的张大爷笑着说。

技术安防与设施改造。双塔街道发现，打破老旧"微小区"的"围墙"，构建"共享物业"平台，物业服务企业的资源得以共享，人员得以精减，由此可以将物业管理的基础性成本降到最低。在成本降低的同时，物业费缴纳率上升，停车位等资源的有效盘活带来收益的增长，物业企业能有剩余资金对老旧"微小区"的基础设施进行升级改造。以网师花园为例，物业公司在节约了人员成本后，一次性花6万多元更新了12个监控探头，增加了安保力量，实现了24小时不间断监控。在技防提升方面，双塔街道"共享物业"一年以来共投入70多万元。

三、落地实践："共享物业"如何开展？

1. 党建引领：建设"红色管家+共享物业"模式

2017年，国务院颁布的《中共中央、国务院关于加强和完善城乡社区治理的意见》指出，"要充分发挥基层党组织领导核心作用……加强社区党组织、社区居委会对业主委员会和物业服务企业的指导和监督"，从而明确了社区党组织对物业企业的指导和监督地位。物业管理作为一种"准公共产品"，具有不完全的非排他性和非竞争性，公共产品由政府供给，私人产品由市场供给，那么"准公共产品"则应由政府与市场共同供给。因此需要一个统筹全局的核心力量来指挥和监督各方主体实现协同共治，需要发挥党的领导核心作用。在前期试点的基础上，双塔街道进一步深化"3+N"基层治理模式，以党建引领多方参与社区治理，探索"红色管家+共享物业"基层治理模式，打造党建引领下的"共享物业2.0版"。①

在实践中，双塔街道坚持党建引领，建设红色物业，推动党组织与物业企业的双重嵌入（图8.1）。首先，坚持政治导向，着力推进党建工作全面覆盖。党建引领的基础是实现结构的互嵌，将物业企业纳入社区网格

---

① 姑苏区宣传部. 姑苏区探索"红色管家+共享物业"基层治理模式［EB/OL］.（2020-08-04）［2022-07-20］.http://www.gusu.gov.cn/gsq/zwyw/202008/3d6b940ba14b4a5fbdf1dc6e811b394d.shtml.

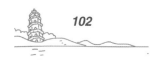

党建、区域化党建等平台，找准物业企业在社区发展中的职能定位，明确各方主体责任义务、职能分工等，形成党建引领的多元协同共治格局。在物业企业进驻小区后，社区党组织派遣党员到物业企业任职，而企业代表也可在社区两委任职，双方充分理解对方工作，有效推进双覆盖、强化双融入、完善双报到、实现双提升。

图 8.1 党建引领"共享物业"

来源：苏州姑苏发布微信公众号，https://mp.weixin.qq.com/s/l0W00PwCWQOC0gzN9LIa1w

其次，坚持文化融入，着力宣传党建文化内核。全心全意为人民服务是中国共产党人长久不变的初心与使命，也是党组织的行动指南，通过开展党史教育、党课学习等活动，街道内部实现物业企业理想信念坚定、基础工作夯实，确立了"以业主为中心"的办事准则，提升了工作凝聚力。最后，坚持认知嵌入，着力推进物业服务精细化。物业公司作为市场主体，应掌握居民需求，进一步提升服务标准，既要在市场竞争中提升自身优势，又要顺应新时代发展趋势，融入基层社区治理的多元协同格局。

"共享物业" 2.0版依托姑苏区住建委"绣美姑苏·品质住建"党建品牌，实现党建引领、行业管理、基层治理多管齐下，打造突出"一核"、汇聚"三方"、构建"四联"、统筹"五平台"的红色物业工作体系。该工作体系以街道、社区党委为核心，汇聚小区治理中社区居委会、业委会、物业公司关键三方；构建活动联办、场地联享、困难联帮、问题联调的"四联"工作法；统筹志愿服务平台、资源交流平台、需求传递平台、协作对接平台、党员先锋平台五大平台，从而激发辖区共建、共治、共享、共融的最大动能。

2. 以小串大：构建"大物业"管理平台

"自从有了物业之后，小区里的照明灯修好了，垃圾也有人倒了，花草也有人定时修剪了，小区内的环境变化可大了，我们这些老年人也可以过个幸福的晚年了。"小区的老人笑道。

为了进一步节省物业成本，双塔街道将邻近小区打包成一个"大社区"，从"一家物业分管4个小区"到"4个小区共享一家物业"，实现了人力资源成本的有效释放。从前，每个小区要配备门岗、安保、维修、保洁、绿化、经理等一整套完整的物业服务人员班子，小区日常人力成本、硬件设施维护成本、技术安防成本居高不下。实现"共享物业"后，4个老旧"微小区"可以看作一个中型小区，物业公司只需要在每个小区设立一个固定门岗，巡逻保安、保洁工、绿化工、维修工、经理等则由4个小区共享，从而有效降低物业的人力资本支出。同时，由于小区间距离较近，物业工作人员在流转过程中也不会耗费大量的时间和精力。"通过这种'共享物业'的模式，我们的人力成本至少降低了三成，加上物业费、停车费等收入，我们就能实现收支平衡，可用作盘活各类资源，还有可能转亏为盈呢！"联谊物业的负责人高兴地说。取得成效后，"共享物业"的规模由4个小区扩大到7个，2019年10月及2020年1月，双塔街道相继将唐家巷42号小区、木杏苑小区纳入"共享物业"管理，形成了一个"大物业"平台。

3. 择优而取：共同选择承接物业

在构建大社区"共享物业"平台时，最关键的就是选择作为承接方的物业企业，需要街道政府、社区两委、居民共同择优而选。街道政府作为项目的委托方，应做好筛选工作，提出明确的目标与服务要求，对于社区引进的物业企业应起到监督和指导作用，选择历年考核成绩靠前、服务质量较高、评价较好的物业企业，特别是在双塔街道举办的"百日行动"和"两小"行动中表现突出、配合度高的物业服务企业，对"微小区"实施统一化管理。

同时，小区居民作为物业的服务方与利益相关方，也应参与对物业企业的选择过程。大多数居民都非常关心社区环境、物业企业服务质量等事宜，也会结合自己的实际情况提出诉求和整改建议。投票是自下而上反映居民需求的重要渠道，居民对物业服务企业的进驻或更换进行意向投票是十分有必要的。

为确保小区居民自愿接受新的管理模式，街道应充分发挥社区党员、居民骨干的作用，认真做好宣传发动工作。物业行业管理部门应做好规范化指导，确保新物业企业进驻流程合法合规、老物业企业移交和撤场及时完整、小区过渡期的管理秩序正常有序。

4. 民事民议：使民主协商走向程序

协商民主是我国人民民主的重要形式。在基层治理中，民事民议、民事民决是化解矛盾的有效手段。小区居民作为社区事务的利益相关方，有权利也有义务参与社区治理的过程。

社区组织除了在选择和更换物业企业时应征得居民同意外，在处理社区日常事务时，也应充分考虑居民意见，紧贴群众关心的焦点热点、关注的难点痛点，充分发挥协商机构的作用，实现"众人事众人商量着办"。对居民提出的问题、意见及建议，社区党委应督促物业及时解决，物业解决不了的由社区组织、物业、居民在三方协商平台协商解决。

由社区两委牵头，可以就小区内的治理难题在居民中举行协商会议。在网师花园小区内，独居老人张师傅家中的烟雾报警器损坏。因长期未缴纳物业费，张师傅担心物业会不提供维修服务，遂求助于社区。经协调，物业维修人员及时上门维修更换，张师傅也在社区老党员的劝导下认识到了缴纳物业费的重要性，及时缴纳了物业费。而在带城桥路47号小区，小区垃圾桶的存放位置引发了很大的矛盾，居民们担心垃圾存放点会有异味产生，均不愿意在自家楼栋周围设置垃圾存放点。社区和物业多次与居民沟通、协商，多次修改方案，最终确定在每两栋楼的最前端设置垃圾存放点，以方便居民生活。

四、筑起幸福："共享物业"获得好评

1. 环境改善：城市社区微更新，提升居民生活幸福感

老旧小区因为建设时间较为久远，通常会有以下问题：建筑外观衰败，会有外墙脱落、墙面裂纹等现象，而且小区内乱扯电线、乱搭乱建现象普遍；地下设施不完善导致小区排水、排便系统不畅，道路积水现象时有发生；照明设施老化且数量不足，居民夜晚外出不便；停车位不足，加剧道路拥堵，消防通道经常被占用，存在安全隐患；小区公共空间和绿化用地侵占现象严重，导致社区居民缺乏适当的交往场所，老人、儿童活动场地更是严重缺乏。

物业的"共享"改善了老旧小区失管、缺管的现象，老旧小区实现了微改造升级，如公共服务设施改造、市政基础设施改造、道路交通系统改

造、公共活动空间改造和景观绿化系统改造等。① 物业进驻后，小区进行了封闭式管理，保安 24 小时巡逻，进出车辆和行人都要登记。非机动车有了固定的停放位置，防盗门和楼道都被粉刷一新，显得整洁明亮。不只环境发生了改变，对于老旧小区的居民来讲，更重要的是有了丰富多彩的文化生活。小区内的公共空间被整修为活动场所，给老年人开展文化娱乐活动提供了空间，有利于培育多元社区文化，增强社区的凝聚力。

除了物业资源共享之外，小区之间还可以共享公共设施。例如，南石皮弄 20 号小区属于典型的 20 世纪 90 年代初拆迁回迁小区，小区内原本没有老年活动室。实行"共享物业"后，带城桥 47 号小区的老年活动室对南石皮弄 20 号小区业主开放，解决了南石皮弄 20 号小区居民提出的普遍性诉求，真正实现了区域内各项资源利用最大化。

技术安防提升了小区居民的安全感。翠锦苑小区是苏锦街道的一处征收搬迁安置小区，出租率高，人员结构相对复杂，管理难度偏大。2022 年，街道以综治和平安建设重点项目开展为契机，选取翠锦苑作为试点，推进"慧眼安居"项目，以提高小区整体治安水平。项目以智慧安防设备集成应用为重点，在小区安装智能人脸识别道闸、智能烟感报警器、高空抛物抓拍智能摄像头、电梯电瓶车上楼报警器，实现小区数据自动采集、自动更新、高效获取。

2. 成本降低：降低物业管理成本，提升服务质量

实行"共享物业"后，物业企业成本降低。老旧"微小区"面积小、居民少，对于物业公司而言，资金、人员的投入并不合理，构建"共享物业"模式，只需要增加各个小区的安保人员，负责保洁、绿化、维修的人员可以实现共享，有效降低成本。随着党建引领和民主协商模式的建立，党员带头动员居民缴纳物业费，使得小区的物业费收缴率大幅提升。

物业进驻后发挥其专业优势，配备专业的项目经理和保安、保洁人员，设置了警卫室，安装了门禁，施划了停车位，垃圾日产日清，车辆有序管理，群众居住环境有了极大改善。物业服务企业有完整的服务链，在专业技术上涵盖了设施设备管理、工民建、计算机、自控、暖通、给排水、无线电、供配电、机电设备安装、装饰装修、园林设计等多个领域，可根据居民需要随时调配人员。"术业有专攻"，"共享物业"让居民享受

---

① 蔡云楠，杨宵节，李冬凌. 城市老旧小区"微改造"的内容与对策研究[J]. 城市发展研究，2017（4）：29-34.

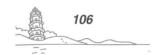

到了更优质的服务。

3. 共建共治共享创新：破除老旧"微小区"之间的治理围墙

"共享物业"模式的意义在于打通了老旧小区的物理边界，通过合并管理实现服务资源高效分配。住房和城乡建设部等十部委于2020年联合印发的《关于加强和改进住宅物业管理工作的通知》里面提到，鼓励物业服务企业统一管理在管项目周边老旧小区，"共享物业"正是这一文件的落地实践，于政府而言提高管理效率，于居民而言提升物业服务质量，于物业企业而言降本减负，对社区治理各方主体都有助力。当前，以问题为导向的社区发展模式正在向以"资产为本"的社区发展模式转变，其目标是通过社区资产的挖掘与共享，整合社区的内生力量和外在网络资源以活化资产，实现社区可持续发展。在这一模式下，社区的停车位、公共空间等，均可以纳入"共享"管理范畴，社区组织对"共享物业"的小区现有资源进行详细排摸，打造"共享车位""共享绿地""共享议事厅"等多方面阵地，实现资源共享、服务共享、双向互助的共享模式。

"共享物业"的目标不仅仅是物业共享，更重要的是建立街道社区党组织领导下的各类组织联动服务机制，实现社区各主体之间的良性互动，以党建引领推进物业行业建设。物业公司进驻社区后应主动承担社会治理责任，将市场化的经营理念嵌入社区的治理理念和共享价值，与居民建立良性的互动关系，倾听居民声音，链接社会资源，配合社区两委行动。居民是社区重要的治理力量，社区两委应将居民动员起来，完善社区协商制度，构建开放、富有弹性的结构体系，确保居民能够充分参与决定自己小区未来的发展方向，并能够针对社区公共事务自主做出决策。

结　语

物业服务作为一种准公共产品，须由政府与市场共同提供，但城市老旧"微小区"由于先天缺陷，无法吸引市场化的物业企业入驻，而"共享物业"从根本上解决了城市老旧"微小区"的物业失管、缺管问题，降低了物业企业人员成本，提升了物业缴费率和资源利用率，使物业企业转亏为盈。同时，对于老旧小区的居民来讲，物业的进入也带来了小区的微更新，小区安保水平提升了，环境改善了，基础设施也实现了逐步升级，人民的幸福感和获得感大大提升。

"共享物业"模式，是党建引领下的社区治理新模范，是共建共治共享格局的新路径。这里面嵌入的是党建引领的社会治理新格局,是物业企业的用心服务,是小区居民的真诚参与。尽管"共享物业"模式为老旧小区环境治理指明了新方向,提供了新视角,但目前该模式还处于不断试错的探索阶段。我们不能忽视"共享物业"在实际操作过程中存在的问题——物业企业如何进一步嵌入社区治理体系,如何进一步使小区资源效用最大化,如何建立街道社区党组织领导下的各类组织联动服务机制,如何实现社区治理良性互动,如何培育社会组织,这些仍是未解决的难题。

姑苏区双塔街道的"共享物业"模式是城市老旧小区改造和更新的一种典范,具有可推广性。面对当前的数字治理趋势,未来"共享物业"模式可以进一步探索线上服务机制,以技术赋能服务水平提高。

案例 9
姑苏城里的别样烟火气
——双塔市集的前世今生

随着我国经济社会发展进入"新常态",城市发展主流已从传统"摊大饼"式的城市扩张转为以存量资源开发为代表的城市更新。中共中央、国务院印发的《国家新型城镇化规划(2004—2020)》大力倡导"发展有历史记忆、文化脉络、地域风貌、民族特点的美丽城镇"。党的十九大以来,以习近平同志为核心的党中央对于如何做好城市更新工作做出了重要指示。2019 年 11 月,习近平总书记在上海考察时指出,无论是城市规划还是城市建设,无论是新城区建设还是老城区改造,都要坚持以人民为中心,聚焦人民群众的需求,合理安排生产、生活、生态空间,走内涵式、集约型、绿色化的高质量发展路子,努力创造宜业、宜居、宜乐、宜游的良好环境,让人民有更多获得感,为人民创造更加幸福的美好生活。

"不行不行,你们别说了,我还是不会同意的!"面对反对双塔菜场改造工程的住户孙老伯略显强硬的态度,社区来说服他的工作人员小王面露难色,怕是大概率又要折戟而归。"这原本好好的菜市场,为啥改造?菜市场嘛,能满足附近居民买买菜不就可以了,为什么要劳民伤财去改造呢?不理解不理解……"孙老伯还在絮絮叨叨。这是 2019 年 3 月发生在定慧寺巷社区的一幕。

2021 年 5 月的某天,伴着初升的朝阳,双塔市集揭开了沉睡的面纱,紧锣密鼓地开始了一整天对周边市民、各地慕名而至游客的迎来送往。熙熙攘攘的人群给这片本就极具烟火气的地区平添了更加迷人的色彩。市集内宽敞的过道与光洁的瓷砖令人眼前一亮,居民有序采买着新鲜的食材,更有许多外地游客聚集在创意手作的摊位前,或是循着那食物的香气去小吃摊位大快朵颐。这时,人群中又出现了孙老伯的身影,老人的身板依旧硬朗,不过与两年前不同的是,孙老伯脸上洋溢着笑容,手中拎着一个装满彩椒和时蔬的环保购物袋。是什么消除了孙老伯的愤怒,解除了社区居民对菜场改造工程的误解，使双塔市集改造工程能够有条不紊地推行下去，进而诞生了如今集浓缩市井人情底蕴与重现家长里短蓬勃生机于一体的双塔市集？别着急，下面就带你走入双塔市集改造的台前幕后，聆听一段关于双塔市集"前世今生"的故事。

一、幕起：菜场提质改造

1. 双塔市集素描

姑苏区位于享有"上有天堂，下有苏杭"美誉的江苏省苏州市中部，全区下辖8个街道（图9.1），总面积83.4平方千米，包含姑苏古城14.2平方千米。截至2020年11月1日0时，姑苏区常住人口924 083人，占苏州市总人口的7.25%。而双塔市集，则位于姑苏区双塔街道的石匠弄，前身是传统农贸市场双塔菜场。作为全国唯一的国家历史文化名城保护区，古城姑苏面临城市更新过程中传统保护和创新发展均衡协调的核心问题。改造前的双塔菜场集中体现着老苏州的市井文化，既是人间烟火的温情地，又是市民闲暇生活的小憩地，展示着城市的文明形象和发展温度。①

图9.1 姑苏区街道分布图

来源：苏州汇，https://www.suzhouhui.com/article/87611.html

---

① 李新雪. 古城复兴视角下的菜场更新改造设计探究——以苏州双塔市集改造为例 [J]. 中国建筑装饰装修，2021（5）：36-37.

2. 双塔市集改造缘由

2019年之前的双塔菜场外观破旧、功能单一，卫生条件也非常差，地面布满星星点点黑色脚印的老式瓷砖上盛着一汪汪积水，积水表面浮着烂菜叶，生鲜区河鲜的腥味扑面而来，令人几欲晕倒。并且原来双塔菜场的用户构成也以老年人为主，随着老苏州逐渐迁出古城区域，这里的人口结构和消费能力也发生了变化。许多年轻人觉得菜市场是"上一代人才会去的地方"，双塔菜场的摊位闲置，营收遇到一定的困难。同时，伴随着网络经济和生鲜电商的崛起，双塔菜场和老城区的其他不少菜场一样，呈现出逐步凋零的面貌。[1]

2019年前后，古城更新的课题在很多地区开展得如火如荼，这阵改革的春风自然也吹到了姑苏区。2019年2月以来，姑苏区实施"规划新建一批、改造升级一批、政治规范一批、业态提升一批、关停转向一批"农贸市场"五个一批"系统工程，启动黄鹂坊、横街、姑香苑、双塔等10个市场建设改造项目，以及桃花坞、虎丘、梅花新村等5个市场关停转向、业态提升项目，全面整治33个市场的环境，规范日常管理。辖区各部门、街道密切配合。[2] 双塔菜场地处姑苏古城的核心，而姑苏区又是整个苏州市的核心，双塔菜场的"双核心"地位奠定了其作为首要改造对象的基础。政府方持着"焕发古城活力"这一最终目标，自然需要一些具有突破性与颠覆性的项目的支撑。苏州市姑苏区委原副书记、区政府原区长徐刚在改造初期就提出，随着社会发展的进步，菜场的功能不应再仅仅局限于菜场本身，而要叠加更多的邻里功能，通过菜场改造，把苏式生活的很多元素融入菜场的更新，让这种文化、记忆传承下去，为整个古城区域的人口生活提供更多的便利，同时也赋予菜场今后延续下去的生命力。徐刚在2020年1月4日姑苏区二届人大四次会议上对2019年工作进行回顾时，在古城保护系统推进环节讲道："推动3个街道试点片区规划师制度；组建由中国工程院院士领衔的区大数据和电子政务专家咨询委员会，古城保护和管理大数据中心一期项目建设完成；组建名城旅游发展公司和旅行社公司，首发5条'繁华姑苏·文化旅游精品线路'，打造双塔市集、同

---

[1] 李逸斐. 文化生产场域理论与历史街区改造设计的原真性——以苏州"平江路菜场"概念设计与"双塔市集"为例 [J]. 艺术设计研究, 2020 (4): 93-98.
[2] 姑苏区宣传部. 古城迈出高质量发展坚实步伐 [EB/OL]. (2021-07-30) [2022-06-05]. http://www.gusu.gov.cn/gsq/zwyw/202108/e0870befb800405ea52364e98d306035.shtml.

德里、同益里等一批'打卡胜地'和'创意硅巷'"。

鉴于以往更新改造山塘街、32号街坊和平江街区的经验，苏州历史文化名城建设集团对双塔菜场的改造显得更加雄心勃勃，刚接到双塔菜场改造项目之后的那段时间，集团专门成立的项目团队画了一张又一张图纸，修改了一份又一份项目策划书，熬过了一个又一个通宵。团队成员在贯彻区领导意图的基础上，极富创新性地提出应跳出将双塔菜场仅仅看作农贸市场的传统思维，以农贸市场为核心元素，保留能够满足周边居民消费需求的生鲜区，再结合双塔菜场本身特殊的地理位置和历史传承下来的特点，将苏州文化通过"市集"这一全新定义而又最具烟火气的地方展露出来。双塔菜场需要经历一个"旧貌换新衣"的过程，通过引入一些咖啡馆、茶馆等更契合当代年轻人需求的东西吸引他们来市集，再进一步吸引人才资源的回流，焕发其崭新的活力。在项目改造计划尚未最终确定的情况下，《梦想改造家》节目组与姑苏区政府进行合作（图9.2），出于对苏州古城区特有风貌的兴趣与节目本身的基调和定位，打算将双塔菜场改造的全过程进行拍摄与记录，让其走上更大的舞台。沈雷、谢柯等设计师从空间改造、标志设计、艺术审美等方面提

图9.2 东方卫视《梦想改造家》关于双塔市集改造项目的宣传

来源：搜狐新闻，https://www.sohu.com/a/362236654_100246799

出专业性意见，为双塔菜场的改造添砖加瓦。虽然有区政府和东方卫视《梦想改造家》节目的双重加持，但项目的推行并不如原计划那般顺利。在双塔菜场改造的整整9个月里，出现的问题很多，摆在改造项目进程面前的阻碍重重。

二、改造初进行，商户群体忧心忡忡

已经在双塔菜场卖了十几年菜的刘大叔一开始听说菜场要进行改造升

级的时候还是不相信的,"怎么会嘛,我都在这里卖了多少年菜了,政府不会来动一个小小的菜场的"。当社区和街道的工作人员开始对菜场摊位挨个进行动员时,刘大叔才失去了原先的那份笃定,开始明白原来这个自己印象中一直人声鼎沸、充满原生态与烟火气的菜市场是真的要进行改造了。

吴大姊经营着一个小小的水果摊位,谈起双塔菜场将要面临的改造升级,对原先经营户进行暂迁他址的方案,她的眉头一直紧蹙着,"真的搞不懂政府在想什么,菜市场明明就是民生项目嘛,花这么多人力、物力、财力改造什么呢?别最后弄个'四不像'出来,菜场菜场,买买菜、买买生活必需品不就得了嘛!"虽然政府方面对商户做出了改造完成后仍然可以迁回原址经营的承诺,在一定程度上可以避免商户几经周折、客源流失、需要面临陌生经营环境的情况,但众多经营户仍觉得头顶上悬着一柄达摩克利斯之剑。"说是升级,升级之后的租金、摊位费什么的不会也要水涨船高吧?"吴大姊提出了自己最大的困惑。

为了解决原双塔菜场经营户针对菜场改造的一系列问题,双塔街道召集经营户开了一场座谈会。刚结束半天生意后,刘大叔急匆匆骑着三轮车赶往座谈会地点,一路上他反复把自己的疑问在内心默念了好几遍。踏入街道办公室大门,他看到了好多熟悉的面孔,内心的底气好像更足了些。街道社区办科员小张近期一直在负责和双塔菜场商户的沟通与接洽,和刘大叔比较熟悉,他领着刘大叔入座,并告知参加这场座谈会的还有区政府的领导、苏州历史文化名城建设集团有限公司改造项目团队的负责人,让刘大叔有什么问题待会儿都可以直接提问。

街道社区办的李科长负责主持这场座谈会:"各位双塔菜场的经营户们,大家好,今天这场座谈会是专门为你们开的。对于大家提出的对双塔菜场改造的一些意见和疑问,我们领导高度重视,召集了相关部门就你们的反映和诉求进行集中讨论,下面就请你们派代表把你们的问题一一提出来。"

"说到双塔菜场,相信很多领导都知道,有多少经营户以这里为生,在这里成年累月地卖菜谋生活,现在突然告诉我们要对菜场进行改造,我们一下子无法接受,并且目前的沟通都是社区派人来跟我们做的,没有看到任何的公告或告示,让我们这些经营户非常不知所措。"一名商户代表提出了大家心中的疑虑。分管城建的副区长接过话来:"双塔菜场升级改造项目是姑苏区农贸市场标准化建设改造项目工程之一,并进行了一定的升级,实施的初衷是提升和改善市场环境,更优质地服务周边居民和市场商户。大家的情绪我们可以理解,但请大家相信改造后的双塔菜场只会为你们带来更大的便利和营商氛围。"

"我们现在最大的疑问集中在摊位租金这一块,升级之后的菜场会涨我们的租金吗?对摊位的动迁工作具体什么时候开始?我们现在每天不知道到底该不该备货、该不该甩货、每天要备多少货,不明白下一步要怎么走。而且这种面对面的座谈会也不可能每天都开,平时我们有问题可以找谁呢?"商户代表提出了一系列疑问。

项目改造团队的负责人耐心解答:"鉴于双塔市场周边的实际情况,以及各方面交通和安全等因素的考虑,改造期间的市场不具备过渡经营条件,所以我们会为大家安排过渡经营的场所。而关于市场商户自行过渡及后续经营等相关问题,我们根据不同行业标准制定了相应的分流和过渡补偿方案。我们的项目实施单位协调工作小组已经开始按照行业进行逐个约谈,告知补偿政策等具体内容。目前约谈工作正在进行中,希望大家少安毋躁。刚刚提到的改造期间的问题,商户可以直接到双塔农贸市场办公室咨询,我们也将尽快协调帮助解决临时堆放场地等问题。至于商户最关心的后续经营租金问题,我们可以给出的承诺是不会上涨市场内的摊位租金,请大家放心,共同支持双塔菜场的改造工程。"

刘大叔看了看周围人的反应,有人在频频点头,有人在低声交流。这场座谈会给各商户交了底,让大家不再像没头苍蝇一样乱转。会后第二天,菜场内的抱怨声明显变少了,甚至有人开始交谈起过渡经营期的注意事项。刘大叔叹了口气,也明白了这场改造已成定局。

三、一波刚平一波起,民生困境怎破解

一场专门策划的座谈会算是给经营户的反对与疑问画上了还算圆满的句号,至少接受双塔菜场改造的商户已经超过了仍在摇摆的商户的数量,并且极端反对的个例也不存在。孰料一波刚平,一波又起,这次是住在双塔菜场附近社区的居民发出了巨大的反对之音。

张婆婆是住在双塔菜场二楼的居民,由于古城区的农贸市场基本都是20世纪90年代的格局,即在一楼农贸市场的上面就是居民楼,这样的格局给楼上的居民带来了担忧,他们认为引入其他店面诸如餐饮进农贸市场

会对其日常生活造成影响。众所周知，菜市场的黄金时间大多分布在上午，基本上午饭时间过后菜市场内鲜少再见买菜高峰，而餐饮店的营业时间不会受到这种"朝忙暮闲"的限制，甚至会是恰恰相反的状态。"如果菜场改造后会影响我们晚上休息，或者对日常出行造成麻烦，我是不支持这个改造的。"张婆婆如是说。

李女士的母亲是双塔菜场周边社区定慧寺巷的居民，老人年龄已高达90岁。据李女士反映，菜场旁边的万福兴糕团店原来是苏州云兰奶业有限公司的取奶点。附近的居民很多订了年卡，都付了一年的钱，也就意味着应该根据合同获得一整年的鲜奶供应服务，但现在店主说这个店也在本次改造范围内，随时都可能强制停业。"我想问，除了菜场内卖菜的商户，对这种周边因改造受影响的店面会就近安排另一个地方继续营业，提供取奶服务吗？像我母亲这样90岁的老人，不可能在炎炎夏日再去远的地方买牛奶的。菜场改造也不应该中断居民原有的鲜奶供应。"

反对声音的集中来源是双塔菜场周边一些20世纪七八十年代老房子和社区的居民，这当中的部分居民认为周边建设会很大程度影响到自身生活，因此他们的态度较为消极。一位不愿透露姓名的阿姨表示："不太明白这些项目建设有什么实质性的意义，能不能真正给我们的生活带来改善？"

针对这些居民的反对意见与不配合，政府方面除了通过与万福兴糕团店积极取得联系，改善其临时过渡经营条件，为周边居民提供临时取奶供应点外，更是对反对声音较高的居民采取登门拜访的方式，通过所辖地街道社区工作人员对居民家庭的走访，用聊家常的方式拉近与居民间的距离，和居民沟通他们的实际需求并展望改造完成后生活更加便利的前景，对居民提出的需求和问题一一给出了解释。另外，还会以侧面的方式，包括先和老人的子女、朋友沟通，通过他们对老人进行适当引导，实事求是地说明改造项目会带来的社会效应，包括改善周边环境、提升周边房价等，尽力消除他们因拆迁过程的不愉快而对政府产生的误解，提高政府在群众中的公信力。

街道社区办科员小张至今还清楚地记得第一次去一家原拆迁户家走访的情景，"直接吃了闭门羹，因为前几户沟通得还不错，我们满怀信心地去这家，结果给我们兜头浇了一盆凉水"。不过谈到这些社区工作中碰到的钉子，小张的心态显得还不错，"做群众工作总归是会遇到这样那样的困难，碰壁和无功而返对我们来说都是常见的，这种时候就要转变心态和方法，有时候他们也只是一下子转不过来弯，你给他把事情理顺了，把道理讲明白了，后面的事情也就水到渠成了。"正如小张讲的这样，经过和拆迁户户主子女的沟通，第三次登门拜访的社区工作人员终于进了门，与住户分析清楚改造的利弊得失后，也得到了住户一定程度上的理解。

拔掉了动工前接二连三出现的"钉子"，双塔菜场的改造工程总算步入了正轨，也正是由于政府、街道、社区的共同努力，整个项目的推进过程还算比较顺利，双塔菜场于2019年12月17日正式升级为"双塔市集"并投入使用（图9.3）。浓浓的烟火气里融入了大量文化美学元素，原双塔菜场自此从传统菜场变身为兼具生活服务与生活美学的多功能复合空间。① 除原有涵盖蔬菜、水产、肉禽等各类农副产品的生鲜区62个摊位外，数十家小吃铺按不规则几何图形分布，市集整体看上去功能分布清晰、外观美观整洁，是民俗与时尚相结合的产物。② 就像是一块经历了日雕月琢的珍宝，双塔市集的全貌终于展露在广大居民面前，而这场改造行动的故事还没有讲完。

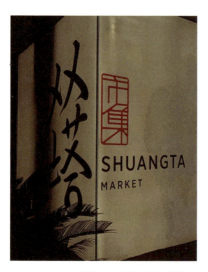

图9.3 改造后的双塔市集局部
来源：搜狐网，https://www.sohu.com/a/652152806_121658365

四、营业又遇新困境，新政出台惠民生

1. 双塔市集正式投入营业后遇到的新问题

旧貌换新颜的双塔市集正式投入使用不久，又有来自四面八方不同的声音接踵而至。有消费者认为，和之前的双塔菜场不同，现在的双塔市集生鲜类分布基本只占到三分之一，与其他同质性菜场相比生鲜摊位较少，所以价格变高。同时，也有商户提出了搬回双塔市集营业后遇到的新问题：鉴于对市集的定位与要求区别于从前的双塔菜场，目前市集生鲜区要

---

① 彭化成，王可. 是菜场，也是一种全新生活方式[N]. 姑苏晚报，2019-12-18（A03）.
② 刘达. 擦亮城市形象的"微名片"[N]. 苏州日报，2020-12-12（A07）.

求每日进入市场的菜都是净菜,带泥、带烂菜叶的菜是不能进入市场的,所以商户基本需要提前工作一至两小时,在正式营业前把从批发市场带来的菜进行分解,这一点增加了商户的人力成本。

针对上述问题,姑苏区人民政府研究出台了《姑苏区农贸市场功能性提升项目奖补办法(试行)》和《姑苏区农贸市场功能性提升验收考核细则(试行)》,以此利用专项资金对姑苏区包括双塔市集在内的农贸市场实施功能性提升,并坚持民生优先,自2020年12月起在双塔市集等11家辐射范围较广、客流量较大的农贸市场推出惠民平价菜销售试点,布设首批平价菜摊54个(图9.4)。① 其中,平价定点摊位39个,特价菜轮换摊位15个,共投放白菜、萝卜、青菜等"1元菜""特价菜"近10个品种。区政府还鼓励和支持各农贸市场创新零售模式,采取"基地直供、菜场直销"等方式从源头上减少菜品流通环节,拓展市场服务功能,丰富市场供给层次,让市民的"菜篮子"拎得更"稳"。

图9.4 双塔市集内的平价菜摊

来源:中国江苏网,https://baijiahao.baidu.com/s?id=1688304808302424839&wfr=spider&for=pc

2. 空调外机安装遭遇新困境

双塔市集的正式改造完工时间大概是2019年12月初,彼时的苏州已进入寒冬,而关于双塔市集外13台空调外机设备的安装问题也始终横亘在寒风之中。"原本我们的整体设计是在双塔市集的东侧安装13台空调外机设备,因为那块区域是我们勘测下来觉得最适合放置空调外机的地方。但居民对这样的安排是强烈反对的,虽然我们也曾积极去和他们沟通解释,但即使是通过街道社区甚至物业方面的沟通,我们还是没有办法。"项目负责人很是无奈。小张也佐证了这样的说法,"当时居民反对的程度

---

① 胡毓菁."1元菜""特价菜"快来买买买——姑苏区11家农贸市场推出"平价菜摊",让市民拎足拎稳"菜篮子"[N].苏州日报,2020-12-10(A06).

是我们未能预见的。我记得整个过程中大概开了3次座谈会,一共尝试协调了三四个月,但是居民的态度从始至终都是坚决抵制的,在他们眼中,征用社区内部的地域,即使是公共区域,也是在侵犯他们的权利"。"和普通老百姓想的有些区别,政府在实施这些民生项目时也不是想象中那种不容置疑和说一不二的态度,一定会存在政府因为居民意见而进行让步的情况。"相关负责人如是说。正如负责人所言,最终的政府决策平衡了项目需求和民众需求,并未强制在双塔市集东侧安装13台空调外机设备,而是将安装地点转移到更加合适的地方。

五、改造完成收获颇多赞誉,姑苏城内散发别样烟火气

双塔市集智慧管理平台的数据显示,开业半个月以来,双塔市集客流量超过20万人次,在抖音上,双塔市集的话题阅读量达到22.5万人次。① 在微信、微博、小红书等社交平台上,关于双塔市集的讨论也热度不减,每天都有不同的内容上传。在市集内的传统小吃摊位前排起的长龙印证着市集内的火爆,几家新开的饮品店也出现了同样的情况。在苏州国家历史文化名城保护研究院副院长王勇看来,双塔市集的改造升级是古城有机更新的一次有益尝试。他认为,姑苏区历史文化底蕴深厚,建筑格局比较成熟,保护古城特色是永恒的主题。② 双塔市集在保留原有建筑功能的基础上,融入苏式元素和时尚元素,打造更加多元的生活空间,既延续了建筑的传统功能,又满足了当下人们对品质生活的需求。

从前期菜场经营户的不理解、不配合,到中期项目工作人员"跑断腿、说破嘴"与周边居民沟通,③ 再到街道社区的通力合作、各部门的积极协同,改造方案一波三折,犹如历经九九八十一难方能取得西天真经。古城区的升级改造工作着实不易,其中遇到的一些难题只有政府积极作为才能得以解决。透过双塔市集这扇窗口,人们看到了被激活的城市角落所焕发的无穷魅力,并在这快节奏的时代一窥城市角落的人间烟火。④

---

① 彭化成. 双塔市集为何能成爆款 [N]. 姑苏晚报,2020-01-04(A03).
② 严松. 高质量发展,书写古城振兴"新篇章"[N]. 苏州日报,2022-01-28(A10).
③ 杜凌坤. 目标群体与政策执行有效性分析 [J]. 法制与社会,2008(20):250-251.
④ 孙世界,熊恩锐. 空间生产视角下旧城文化空间更新过程与机制——以南京大行宫地区为例 [J]. 城市规划,2021(8):87-95.

案例 10
一缕花香传千年
——白洋湾街道社区民俗文化建设探索

随着城镇化的迅猛推进,农村社区不断消解,接踵而至的是新兴城市社区文化凝聚力较弱,许多民俗文化处于濒危困境。而民俗文化对于加强社区文化建设、丰富居民业余生活和推动社区和谐发展具有重要作用。社区是民俗文化的第一生存环境和最佳发展空间,民俗文化的血脉和根基在基层,其继承和创新必须依靠当地居民,只有有效激发居民作为传承主体的责任意识和文化自觉,才能更好地展现传统民俗文化的魅力,促进这些宝贵精神财富的保护和弘扬。社区可以为民俗文化的传承提供媒介和平台,而社区民俗文化建设也无疑是群众文化发展和社区营造的新路径、好方案。在新的时代条件下探索社区民俗文化建设路径,具有十分重要的意义,而姑苏区白洋湾街道和泰社区在保护和发展"三花"文化方面成效较好,具有典型性。

一、"三花"文化的前世今生

苏州"三花"指的是白兰花(图10.1)、茉莉花(图10.2)、玳玳花(图10.3)。"三花"在苏州虎丘的种植历史可以追溯到南宋,路北村之前就是苏州"三花"种植基地之一。《苏州市志》写道,光绪三十四年(1908),苏州有46个茶铺,六大茶店、八大茶行闻名全国,花茶远销各地;20世纪初期,苏州花茶年产量达1.5万担。历史上山塘街茶号门庭若市,是老苏州一道靓丽的文化景观。

图 10.1 苏州"三花"之白兰花

来源:搜狐网,https://m.sohu.com/a/415417214_349673/? pvid=000115_3w_a

图 10.2　苏州"三花"之茉莉花
来源：搜狐网，https://m.sohu.com/a/415417214_349673/? pvid=000115_3w_a

图 10.3　苏州"三花"之玳玳花
来源：搜狐网，https://m.sohu.com/a/415417214_349673/? pvid=000115_3w_a

1950 年，虎丘"三花"培植进入鼎盛期，有 2 135 家茶花种植户、96.07 万棵花树，鲜花年产量有 50 万千克，采摘后由供销社统一收购，再供应给苏州茶厂和上海香料厂，许多农民都是通过"三花"养家糊口。由茉莉花、白兰花、玳玳花组成的"三花"无疑是苏州传统文化重要的组成部分。

然而随着时代的变化，苏州"三花"失去了曾经生长的那片土地。近些年来，许多老苏州人开始担忧"三花"可能从街头巷尾销声匿迹。因此，想办法留住苏州的"三花"记忆、做好"三花"文化的传承和发扬，得到了越来越多人的认可。和泰社区在该领域开展了有益的探索。

和泰社区有一部分居民来自路北村，他们中有之前从事过"三花"种植的花农。有着 50 多年种植"三花"经验的党员志愿者朱师傅是"三花"原产地人，他说道："以前家家户户种花，到了夏天，花一波接一波地开，乡间小道上到处弥漫着花香。后来拆迁，大家搬进了高楼，花树卖的卖、荒的荒，真的很舍不得。去年（2018 年）社区的空地上开始建起了'三花基地'，我第一时间便报名参加了。经过大家一年多的辛勤栽种，今年（2019 年）'三花基地'里的茉莉花、白兰花、玳玳花长势旺盛，一年多的付出也有了收获。让我们每天能看得见、闻得到、摸得着那些熟悉的植物，我们就开心了。"一旁的徐师傅也表示，活动倡导更健康的生活方式，加强了居民之间的联系，让大家共同体验劳动带来的快乐。

二、"三花"文化建设如火如荼

姑苏区白洋湾街道和泰社区坐落于金阊新城长泾塘路与金余街交会处,辖区面积为0.32平方千米,属于安置房小区,有居民楼21幢,包含和泰家园北区、南区2个小区,住户有2 678户,社区常住居民大约7 244人,党委有党员115人,下设3个党支部。辖区单位包括虎丘实验小学、虎阜实验幼儿园,毗邻苏州机电五金城、苏州白洋湾生态公园、苏州平江医院、苏大附一院高新区分院等。社区于2015年6月创立,有党员活动室、老年活动中心、区级"花式养老"项目和泰综合为老服务中心、和泰中心厨房、"三花"种植基地、三花会馆、"三花"青少年爱心基地等场所。社区先后成立了"一缕阳光""机动护航"等志愿服务队伍,有180多名志愿者,为80岁以上老人提供便民服务,为生活不能自理的老年人提供上门服务,如清理下水道、上门理发等。亮点工程为"一缕阳光"工作队、"三花香"志愿者项目,三花文化传承与社区建设相辅相成。

1. 政府:主导建设"三花"基地和场馆

2018年,在白洋湾街道办的指点和关怀下,社区居委会和党委邀请专业绿化团队为社区公共场地提供规划设计服务,确定了"三花"种植基地的位置和建设范围。由和泰社区党员、居民志愿者和农业技术专业人员组成的"三花花匠"志愿服务队团结一心,对"三花"种植场地进行了认真的清理和规整,安装好种植槽,种植了一批"三花",还从民间搜集了许多"三花"老品种的种子进行储存。但是两年过后,"三花"种植基地的发展进入了瓶颈期,原有的面积过小的基地因花木数量增多,出现了摆放布局杂乱、观赏道路变窄的问题,老旧、不适应发展要求的花木管理模式也制约着基地的发展。

为了进一步扩大"三花"文化传播范围,社区党委书记王建新四处找寻各方帮助。最终,在政府相关部门的支持和援助下,经过多方的协商沟通,和泰社区联合白洋湾街道第四联动工作站,启动了"三花"种植基地改造项目,基地的围墙被统一拆除并进行了重建,专业设计公司被邀请进行合理、科学的布局设计。考虑到茉莉花数量较多,街道团委又牵头在和泰家园南区入口附近的地方清理出了两块空地供种植使用。在此过程中,街道第四联动工作站志愿者积极参与拔草、松土工作,专职联络员进行现场监督和指导。在多方的共同努力下,基地顺利完成了科学改造。

白洋湾街道借助此次改造的契机,进一步建设"三花"科普教育基地,并且与虎阜实验幼儿园进行了校社共同建设,安排学校学生来基地学习"三花"的培育,进行"三花"文化实践。社区还组织专业人员进行宣传指导,并系统推出了"三花"文创教育类学习课程,为社区居民乃至苏州市民提供了学习花茶烘焙、提炼"三花"精油、制作干花香皂的平台,让更多人能够有机会参与"三花"文化的体验和传承活动。同时,在"三花"基地项目的基础上,社区将三楼区域建设为三花会馆,对"三花"种植及文化发展变迁的历史进行了详细的记录和系统的展览,新时期和泰社区"三花"品牌的创建和发展历程、"三花"志愿活动以及社区举办的相关文创文艺活动的照片和资料,也都陈列在会馆中,供大家观看。会馆分为新时代、新和泰、新发展、新"三花"四个部分。三花会馆内还设置了一间活动室供老花农品茶、聊天、回忆曾经的花田和花香,为民众提供了一个极具文化氛围的学习休闲场所。

在"三花"老物件展览现场,一张拍摄于20世纪50年代的花农筛茶照片成了全场的焦点。"我记得我的母亲就是这么筛茶的,她穿着碎花的衣服,戴着草帽,脸上带着笑容。"79岁的老花农钱林森看到这张照片,回忆起了当时的不少情景。早年,从虎丘斟酌桥东堍向西直至正山门,卖花的村民聚集成一条龙,批发兼零售,大家靠着勤劳收获了花香里的幸福。生活富足之后,人们还把对于花的美好想象融入了地名中。"除了我们茶花社区,虎丘山附近还有玫瑰地、花园弄、三花一村、三花二村等以花命名的地区。"钱林森说,茶花社区的前身就是之前的茶花公社、茶花大队、茶花村,最多时花农超2 000户。另外的几个地名中,玫瑰地早已不在,三花一村整体搬迁,三花二村和花园弄依然在虎丘风景区周边。"把花放在地名里,不仅是因为曾经有花农居住在这里种'三花',也是因为大家希望把'三花'永远留在他们的生活中。"

2. 社区:多方参与文化开发与保护

(1) 创建特色文化品牌

和泰社区居民多为原虎丘路北村和山塘街居民,老年居民所占比重较大,文化水平较低,且社区内文娱活动场地欠缺,缺乏具有显著向心力和凝聚力的特色文化品牌来促进社区整体的建设与发展。社区成立3年以来,虽然硬件基础设施不足,但居民参与文化建设的热情使得社区党委深有感触。社区居民之间的互帮互助、友爱团结、无私奉献，使社区党委看到了引导和泰居民投身社区志愿服务活动的可能性。通过与居民沟通交流，党委干部了解到居民中有许多老花农，他们有极为丰富的培植"三花"的经验，而且"三花"文化在这片土地上历史悠久、深入人心，于是党委萌生了以花喻人、以花为媒的新发展思路。经党委扩大会议、居民座谈会的讨论表决，通过了创建"妙手群芳惠仁心"特色党建文化品牌的决议，在这个基础上还延伸出了"众芳泰"特色品牌，来进一步帮助居民学习"三花"种植。在此过程中，居民之间的交流更为密切，居民参与社区事务的态度更加积极，他们的政治素养和民主自治水平也得以提高。在这一过程中，和泰社区涌现出了一批积极主动参与、不求回报、甘于奉献的老花匠志愿者，他们用实际行动践行和诠释了"用一己之力汇聚仁爱力量"的品牌意义，无私地为党建引领下的社区工作添砖加瓦，尽心尽力奉献自我，切实增强了社区党委的群众组织力、思想引领力、向心力和凝聚力，社区文化面貌焕然一新。

（2）党建引领，加强三花志愿队伍建设和传承人培养

"三花花匠"志愿队伍主要由居民志愿者和党员组成，分工明确，由6名经验丰富的老花农负责种植和养护（图10.4），并定期向社区党委汇报种植情况，同时给社区内有兴趣的居民进行讲解，他们天天给"三花"浇水施肥，无私付出，精益求精，用自己的行动鼓舞其他居民参与搭暖棚、建围栏和采摘收获的劳动。志愿者还组织参与"三花"端午节、制作"三花"月饼和切片等活动，营造"三花"文化氛围，帮助社区居民更好地了解"三花"文化及社区党建文化品牌创立的背景。社区党委还邀请苏州农业职业技术学院的

图10.4 "三花花匠"志愿团队修剪"三花"绿植
来源：搜狐网，https://m.sohu.com/a/415417214_349673/?pvid=000115_3w_a

专业人士在社区内开设知识讲座,讲述"三花"种植理论,对基地项目进行现场专业指导,与社区种花能手交流养花、护花的经验和知识,帮助居民和志愿者提升技能水平。

3. 居民:民主自治和参加文化活动

为了将"三花"手工艺品制作的传统技艺发扬光大,花匠沈秀金经常手把手指导社区的小朋友制作白兰花和茉莉花胸针、手环,这也成为校社共建的学生社会实践项目。虽然随着时代的飞速发展,苏州本地花茶已渐渐销声匿迹,但这门工艺仍是苏州的骄傲,已被列入非物质文化遗产名录。社区会定期举办品茉莉花茶的活动,居民在沈秀金阿姨的带领下学习制作茉莉花茶。每次品茶,老花匠徐小弟也会在大家品茶的过程中展示他娴熟高超的泡茶技术。

同时,社区还经常举办猜"三花"灯谜、画"三花"、做"三花"香囊及制作"三花"月饼和"三花"布丁等活动,寓教于乐,促使民众了解、感悟"三花"的历史和文化。居民高慧芝还自己创作了名为《闻香而来》的脱口秀,引发老花农回忆昔日种花生活,同时激发青年一代传承"三花"文化的热情。

为了培养孩子关爱别人和奉献社会的能力,和泰社区举办"小小植物,大爱无疆"爱心绿植义卖活动,青少年和社区志愿者共同参与其中。社区将其他文创产品也以义卖的形式进行出售,所得收益全部归入社区基金,帮助社区弱势群体及创业人群,同时也增强其对苏州特色文化的了解和喜爱。

4. 政府—社区—居民三方"点线面"建构

政府、社区、居民作为基层治理的三大重要主体,三者之间的良性互动将有效促进社区民俗文化建设工作的顺利开展。在市、区两级政府及白洋湾街道的政策和资金支持下,和泰社区主导落实"三花"文化建设工作,具体由基层党组织引领,居委会商讨表决,党员带头宣传,居民志愿参与,共同营造社区"三花"文化氛围,开展多项保护传承工作。由政府、社区、居民三主体"点式"联结,再通过信息沟通与合作,串联成线,形成"线式"联动,最终辐射全体社区居民,形成"面式"联动效应(图10.5)。

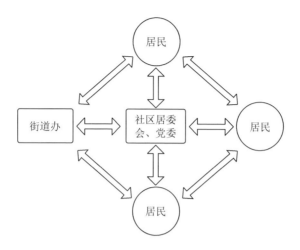

图 10.5 政府—社区—居民三方"点线面"建构示意图

来源：课题组自制

三、"三花"文化沁人心脾

1. "三花"文化得到一定程度普及，居民社区生活更加丰富

和泰社区以"三花"种植和培育为依托平台，探索创新传承"三花"文化的新模式，打造多样化的文化传承载体，建设社区特色文化品牌，以多样的方式和各类活动增强居民对"三花"的了解，以小带大，助力"三花"文化的保护和弘扬，并依托地区文化优势，激活各类传统文化资源。在社区培植"三花"的过程中，种植各类植物的居民越来越多了，绿色种植如火如荼地展开。"三花"基地中志愿者的辛勤付出，也激发了民众参与社区建设的活力，各类与"三花"有关的活动吸引了居民的热情加入。居民生活方式更加科学和健康，居民联系更加密切。[1] 他们在种花劳动中自得其乐、享受生活，幸福感进一步提升。社区志愿者队伍的服务更加精细到位，公益精神日渐深入人心，更多的居民开始关注社区建设。

2. "三花"文化促进了社区营造，和谐社区建设有效推进

和泰社区党委书记王建新指出，社区营造是新时期改革社区治理的新手段，自"妙手群芳惠仁心"项目启动以来，居民积极参与解决社区公共问题，自治水平提高，党员与群众的关系也进一步改善。社区种植的 200

---

[1] 白洋湾街道. 姑苏有"三花"[EB/OL]. (2020-08-28)[2023-04-15]. https://m.sohu.com/a/4154172 14_349673/? pvid=000115_3w_a.

多盆"三花"不仅绿化、美化了环境,也有利于社区文化建设。在"三花"文化活动开展的过程中,居民社区归属感、集体荣誉感显著增强,社区向心力进一步提高;居民文化生活得以丰富,也有利于传承"三花"文化、培养慈善意识、弘扬公益精神、发展志愿服务与"花式"养老,促进和谐社区建设。

四、"三花"文化何以长流传

1. 营造协同治理的系统环境,保障居民文化权利

只有了解属地居民的个性特征与文化诉求,激发居民参与的积极性和责任感,构建完善的基础设施和浓厚的文化氛围,才能更好地传承文化。政府及社区可以组织召开以地区民俗文化为主题的专家研讨会或居民大会,了解居民想法,激发居民自主性和参与民主管理的意愿,讨论文化保护的新途径、新手段。街道志愿者可通过田野调查、搜集民间文献、走访当地老人等方式,挖掘民俗文化历史记忆,收集整理原始材料、汇编历史档案;还可以利用数字科技手段,拍摄剪辑,制作民俗文化发展历史的影像宣传纪录片,在社区活动中心或学校播放,拓展民俗文化教育传播渠道,通过社区宣传栏、社区广播电台、网络公众平台等媒介帮助居民和青年一代了解与学习民俗文化;通过设计文创产品和举办相关社区活动,如社区节庆、文艺展演、爱心义卖、社区教育讲座、乡镇展演等方式活跃居民文化生活,让居民实实在在参与文化传承,让民俗文化进入寻常百姓家;举办大型文化活动,提高新闻报道的等级,扩大覆盖面和传播范围,增加报道频率,增强文化品牌影响力,增强文化认同,建设社区共同体。

社区工作者要提升对居民文化权利保护重要性的认知水平,做好人民群众的贴心人,积极了解居民想法,尤其是弱势群体的文化诉求,并据此调整工作与服务方案,营造人人热爱民俗、自觉将民俗融入生活、打造民俗文化传承环境的良好风气,尽可能照顾到所有群体的文化诉求,及时做好跟踪服务,搜集反馈意见,不断调整决策过程,注重居民民主参与,使文化产品与服务的供给尽可能与居民文化需求相匹配,同时打造使全体居民具有公平参与机会的文化活动平台,从而保障居民的文化权利,促进个人与社会的全面发展和进步。

2. 激发多元主体共享动机,完善协同治理机制

多方参与,加强互动,良性合作,加强基地建设与人才培养。政府制

定有利于"三花"文化传承的政策和法律法规，提供制度保障和资金支持，健全硬件设施，如地方文化馆、博物馆、纪念馆、科普教育基地等；通过引入学会、基金会等非营利组织，借助共青团、工会、妇联、文联等非政府性社会团体的力量，提供社会资本、专业规划、技术协调和智力支持；培养非遗项目传承者、专业志愿者队伍及社区营造人才，助力民俗文化传承和推广，激发传统文化的现代活力。将民俗文化融入社区治理，以人为本，激发居民参与社区文化建设的主体性和自觉性，号召居民建言献策，培养居民的主人翁精神、公民意识和文化自觉，多方共建社区文化品牌，进行"最美传承人"评比表彰，构建非物质文化遗产科普平台，促使社区居民共同参与文化保护和社区建设。

构建与完善"社区党委领导、街道指导、居委会民主管理、居民志愿服务、社工专业化辅导、社会组织人力与资金支持、企业协同参与"的一体化"三花"文化传承保护体系。由于各主体的资源、信息具有不对称性和不确定性，因此需要相互协调，各自发挥力量，进而激发社会活力，共同保护民俗文化资产。这一协同治理机制的建立，离不开政府的主导作用，离不开社会组织的培育，离不开整个社会对志愿精神的高度弘扬和对居民主人翁精神的广泛激发。

3. 增强激励措施和领导力，促进文化资本转化

政府要增强领导权威和政策执行力，加强监督和管理，构建公平合理、竞争有序的民俗文化市场环境，扶持文创文旅重点项目，做到生产性保护与保护性开发的和谐统一，保证民俗文化本真性至上、完整性传承和可持续性发展，确保文化市场公平有序，保障文创产品的质量和文旅产业的良性竞争，通过民俗资源的市场参与提升经济效益，同时创造更大的社会效益，促进社区文化认同的构建。

社会各界应在政府引导下科学合理地发展民俗文化产业。政府应完善相关法律法规，出台更多鼓励与扶持政策，提供资源支持；联合旅游景区，共同举办民俗文化推广主题活动；借助民俗资源，"以民俗文化为媒"，招商引资；融合数字科技，打响文化品牌，促进文化产业开发，构建文化产品销售和服务体验平台。街道可借助特色购物节进行民俗文化的推广，探寻历史记忆；通过情景演出、互动市集体验等方式进行文创产品的展销；还可以鼓励文化街区进行民俗主题店面设计和宣传，评选"最美店家"并进行表彰，加强宣传推广力度，提高地域文化的代表性，扩大影响

范围，形成品牌规模效应，促进当地特色文旅产业开发，推动文化资源转化为文化资本、经济资本和社会资本，发挥民俗文化资源的最大价值。

结　语

　　民俗文化传承与社区营造是相辅相成的关系，在社区内部发展民俗文化可以有效促进社区文化建设和居民自治，提高社区治理水平也有利于促进民俗文化的传承与发展。文化建设是一个系统性工程，文化传承需要多方的努力。只有社会公众提升文化自觉，政府提供政策扶持和鼓励，社会组织提供资金协助，文化企业提供产业合作，社区提供文化场馆和组织文创活动，党员和志愿者发挥模范带头与志愿服务作用，传承者不断培养传承人，才能将优秀传统文化真正保护好、发扬好。社区民俗文化建设是传承民俗文化、促进社区营造的可行方案，但是在具体实践中要注重因地制宜，因为每个社区的地理、经济条件及民俗文化资源各具特色，居民素质和生活方式也不尽相同，所以在社区内进行民俗文化的传承和发展不可能有万能的模式。怎样才能更好地以社区为载体弘扬民俗文化、以民俗文化为媒介促进社区文化发展及社区共同体建设，还要结合当地实际和顺应时代发展潮流，不断进行探索和研究。

案例 11
特殊的"卫城者"
——古城中的社会组织卫城记

苏州古城自建城至今两千五百多年来,古城城址未变,城市的规模和规划格局也基本维持着古貌,再加之古城内众多闻名世界的古典园林,为后世留存下了一份珍贵而丰富的文化遗产。政府作为古城保护主体的核心,在古城保护和发展中扮演着至关重要的作用。但是随着市场经济体制的不断完善,大政府包揽一切的做法显然行不通了。随着社会组织、市场因素的产生和完善,政府将逐步从竞争性领域退出,从直接干预经济转向间接调控管理。因此,企业、社会中介组织、非营利组织、社会团体等非政府组织参与城市管理是市场经济的必然结果。

习近平总书记在党的十九大报告中明确指出,要加强社会组织参与社会治理的力度。可见,在现代古城治理过程中,社会组织作为主角之一,正在以高昂的姿态参与古城保护。苏州古城需要传承也需要发展,如何更好地促进古城发展,社会组织给出了更好的答案。政府引导型社会组织,如苏州市慈善基金会,为古城的发展与保护提供资金支持;姑苏区指尖秀非遗文化园,以指尖秀传承古城文化;古井保护小队,以志愿者为中心,进行古井修复与维护。民间自发型社会组织,如桂花公益坊,以专业社工服务于古城各社区;夕阳红健康俱乐部,以寓教于乐的方式带动着古城老年人的健康生活;善爱手语公益服务中心,以快速反应能力在疫情期间为古城特殊人群提供服务。各类型社会组织都在以其较强的韧性治理能力灵活地参与古城的社会治理。

一、古城故事我身旁,案例彰显聚城香

1. 指尖文化秀古城,百年流香显城心——苏州市姑苏区指尖秀非遗文化园

(1) 从传承中记忆古城,从指尖中描绘古城

苏州古城演绎了千年的繁华,见证了文化的融会,传递了文明的火

种。每一座古城都有生命,其生命的长度、厚度和宽度,取决于古城本身的文化底蕴,更取决于今天的人们以怎样的行动去呵护和延续它的文脉。城市与人一样拥有记忆,因为它也有完整的生命历史,而历史不仅仅属于过去,更属于未来。非物质文化遗产蕴含着中华民族特有的精神价值、思维方式、想象力,体现着中华民族的生命力和创造力,是各民族智慧的结晶,也是全人类文明的瑰宝。在博大精深、源远流长、绚烂多姿的中华文明中,非物质文化遗产是城市发展中的不朽篇章。

苏州市姑苏区指尖秀非遗文化园成立于2016年7月,是指尖秀非遗文化传承基地。"我们的目的是让老苏州回味童年记忆、小苏州了解传承、新苏州触摸融入,从而达到传承记忆、弘扬文化的最终目标。"文化园负责人熊泽好说道。指尖秀非遗文化园致力于非遗技艺的传承与推广,2016年成立指尖秀非遗文化园党支部,将吴文化和非遗传承作为行动方向,除了承接社区党组织为民服务项目外,还积极参与党的十九大精神宣讲和古城保护。

(2)指尖之间宣传古城,文旅融合建设古城

指尖秀非遗文化园的成立有两方面目的。一方面,让"非遗"走进寻常百姓家,从而提升全民的"非遗"保护意识;将"非遗"融入公共文化服务体系,从而实现"非遗"知识的大众普及。另一方面,将"非遗"与创意设计相融合,创造出更多贴近生活的文化产品,把这些"非遗"文化产品推广入市。非物质文化遗产作为中华优秀传统文化的重要组成部分,其传承与发展是文化自信的重要体现。

如何在当代更好地传承、发扬"非遗"文化,让社会公众感受"非遗"文化魅力,同时让"非遗"产品走进千家万户?①

首先,文化的传承需要人作为载体。2008年文化部发布并实施的《国家级非物质文化遗产项目代表性传承人认定与管理暂行办法》中要求"非遗"传承人需要"掌握并承续某项国家级非物质文化遗产",即表明非物质文化遗产需要通过传承人这一"身体化"形式来进行传承,而这种形式本质上就是一种文化能力。这是一种需要通过学习才能掌握的无形的能力,不能被代替或代表,只能由个体亲身去实践学习。② 在指尖秀文化

---

① 杨小玲.让非遗产品走进千家万户[N].陕西日报,2022-07-04(12).
② 李雨晴.文化资本视角下非遗文化传承的实践与思考——以苏绣为例[J].今古文创,2022(27):74-76.

发展过程中,"非遗"传承人将这一能力与自身肉体紧密联系在一起。但由于"非遗"文化的传承不能直接变现为利益获得,所以传承人越来越少,没有固定的学习与传承地点成为"非遗"文化传承的最大阻碍。指尖秀非遗文化园的建立,不仅为其提供了文化展示平台,还为文化传承人提供了教学和学习的地方,为古城"非遗"传承做出了坚实的贡献。

其次,文化客观上需要以物质化、客观化的形态存续下来,那么以物质形态存在的文化产品就成为文化传承的重要表现形式。苏灯、苏扇(图11.1和图11.2)等不同形式的手工艺品是古城文化的继承,也是古城文化的流传。由此,指尖秀非遗文化园为更好地宣传推广古城文化,将客观形态的文化资本与经济资本相结合,在尊重并顺应当地生态自然景观的同时,使手工艺品与历史记忆、文化氛围和谐共生共存,共同推动指尖秀非物质文化遗产以文化资本的客观形态延续下来,让人们看到了传统与时尚的精彩相遇,让人们对于指尖秀艺术品有了更多新的期待。指尖秀非遗文化园的建设不仅使古城文化得到了传承与发展,还通过文旅融合促进了古城的经济发展。

图11.1 苏灯

来源:指尖秀非遗文化园官网,http://www.zjxfywhy.com/h-pd-6.html

图11.2 苏扇

来源:人民号(人民日报),https://rmh.pd-news.cn/Pc/ArtInfoApi/article?id=29767725

2. 善爱无声胜有声,手指飞舞益传情——苏州市善爱手语公益服务中心

(1) 一个没有声音的梦想:益善手语初创

刘英松,男,1972年生,姑苏区吴门桥街道何家塔社区居民,凭借刻苦努力成为优秀的动漫原画师。2013年起,他积极参加公益活动,并于2016年牵头成立苏州市善爱手语公益服务中心。5岁那年,刘英松因病

出现了听力障碍。小学四年级时，刘英松从普通小学转学到了苏州市盲聋学校，进入了用手语交流的全新环境。因为听力方面的障碍，刘英松的学习工作生涯比别人更加坎坷，但他始终没有放弃和退缩，高中毕业后便进入聋人学校学习绘画。

毕业后，刘英松在老师的鼓励和街道残联的帮助下找到了人生中第一份工作，虽然工作比较辛苦，但起码能够通过自己的努力养活自己了。经刻苦钻研、克服重重困难，刘英松一跃成为公司的重要技术力量，并成为当时全国动画界仅有的几位聋人原画师之一。2012年，刘英松被聘为苏州工业职业大学卡梦动画培训基地Flash动漫老师，负责教相关美术专业的大学生，同时还担任苏州市残疾人就业管理中心残疾人Flash动漫培训班老师。他利用自身Flash动画专业优势和多年动漫工作的经验，指导不同类型的残疾人学习电脑动画，帮助多名残疾人学员直接进入动漫公司实现就业。凭借过人的技术和勤恳的态度，刘英松在2014年江苏省残疾人职业技能竞赛中获得Flash动漫项目第一名，并获得"江苏省技术能手"荣誉称号。自2013年起，刘英松积极加入公益组织，并且凭借他的经验和爱心，相继担任苏州市姑苏区聋人协会主席、苏州市聋人协会副主席。他根据自身求职经验，采取"联系、组织求职聋人—根据聋人特长进行培训—联系市残疾人就业管理中心—协助聋人找到合适的工作—跟进聋人就业情况"的方式，成功帮助全市上百名残疾人找到了合适的工作。

为了让聋人更好地融入社会，刘英松和苏州市聋人协会郭蕊主席一起成立了苏州市善爱手语公益服务中心，发展聋人文化和手语文化，为聋人提供手语翻译服务，营造信息无障碍环境。苏州市善爱手语公益服务中心定期开展手语培训、企业助残、聋孕课堂、残疾人瑜伽培训、爱心义卖等丰富的活动，为聋人与社会搭建起一个交流沟通的平台，帮助他们充分发挥自身才能，丰富他们的精神世界。对刘英松而言，关怀聋人是自己的责任。与其他聋人有着同样经历的他十分渴望手语能够得到普及，因此他说，接下来他将通过苏州市善爱手语公益服务中心为姑苏区残联、街道、社区的工作人员及聋人员工较多的公司提供手语翻译培训和手语翻译服务，希望能就此打开手语普及的窗口。刘英松以他的努力、才智和积极向上的精神帮助了很多残疾人尤其是聋哑人融入社会、实现梦想、收获生活的幸福和快乐，他不仅是自立自强的代名词，更是乐于助人、满怀善心的"聋哑人导师"。

(2) 无声花朵们的世界之音：益善手语助梦

幼儿时期是语言发展的关键时期，聋哑家庭的子女如何建构起自己的语言体系是一个重要的问题。《中华人民共和国义务教育法》第五条规定，社会组织和个人应当为适龄儿童、少年接受义务教育创造良好的环境。① 现阶段，我国聋哑儿童或聋哑家庭子女面临着主体沟通不顺畅、教育方式不专业、社会介入不精准的问题。苏州市善爱手语服务中心携手聋人家庭子女在残疾人活动中心持续致力开展"融·爱"妇女儿童家庭公益服务项目微创"书声绘色"让爱不孤单的绘画阅读活动。

在聋哑家庭中，父母对于声音认知的缺陷会导致子女在一开始的生活环境中就存在声音和语言方面的缺陷。随着儿童的成长和生活范围的扩大，儿童对于声音和语言的需求也会不断增加。如何更好地向他们传播声音和语言，满足他们的发展需求，这是苏州市善爱手语公益服务中心最为关心的问题。该服务中心通过专业性教育促进聋哑家庭子女对声音的理解。在活动中，老师用声音带着孩子们进入一个有趣的世界，这个世界里有"人"、有"牛"、有"鱼"，神奇的故事吸引着孩子们的注意。老师讲完故事后，再由小朋友们告诉老师他们对于故事的理解，从而达到"发声交流"的目的和"声音传播"的效果。不少参加活动的家长和孩子们一起画画、制作书签，并且用银杏树树叶等作为"书声绘色"材料。小朋友们认真开动脑筋，把做好的书签送给志愿者。在听故事的同时，小朋友们在老师的引导下思考，从而使语言变为行动。这些孩子通过听故事感受社会，感受有声世界带给他们的新奇与喜悦，在活动中学习和成长。

(3) "战疫"中飞舞的手指：益善手语卫城

新冠疫情期间，无论是进出小区，还是在核酸检测现场，或是在出行途中，我们都会遇到这样一群人：他们的双手在空中不停飞舞，眼神中透露出焦急无奈的神情，他们就是听力障碍人士（聋人）。他们长期生活在无声世界中，接收到的外界信息永远都是滞后的。特别是新冠疫情暴发后，这群人的生活遭遇了一定的困难。这时，姑苏区涌现出了一支"未穿白衣，胜似大白"的翻译团队，他们就是党员刘英松带领的苏州市善爱手语公益服务中心的手语翻译员们。

---

① 中华人民共和国义务教育法（2018年12月29日第十三届全国人民代表大会常务委员会第七次会议修正版）[EB/OL].（2018-12-29）[2021-10-29]. http://www.gov.cn/guoqing/2021-10/29/content_5647617.htm.

疫情初期，听障人士在心理上会产生一定的不适应，手语翻译员就利用聋人信息无障碍平台与听障人士进行沟通，一遍遍地为他们解释政策、安抚情绪、告知最新消息，劝导他们积极配合政府一起做好防疫工作。这不仅有益于听障人士的心理健康，对于古城的社会稳定与和谐也有着巨大作用。此外，在江苏发生疫情期间，苏州"接待"了一批来自扬州的"特殊客人"，这批"特殊客人"在苏州接受集中隔离、观察，其中就有23名聋人。对于这批特殊的客人，手语翻译员们每天都为他们提供翻译服务，包括核酸检测、身体状况监测、最新情况通报等。翻译员们从早忙到晚，每天工作时间增加到10小时，经常累到手臂无法抬起，但第二天大家还是精神抖擞地坐在屏幕前继续为聋人服务。在这场没有硝烟的战斗中，大家齐心协力，护卫着我们的城市，这是所有人的目标。

苏州市善爱手语公益服务中心的手语翻译员用她们最勤快的双手，为沟通障碍者搭建起了一座座无障碍的沟通桥梁，用她们最灿烂的笑容安抚着一颗颗焦急的心，用她们最真挚的行动站在了"战疫"一线，她们就是当代的"战疫"先锋。

图 11.3　桂花公益坊工作站

来源：课题组实地调研拍摄

3. 金色桂花飘远方，党建引领服务强——桂花公益坊

姑苏区桂花公益坊是街道级社会组织培育基地。近年来，沧浪街道依托公益坊认真打造"金色桂花"区域党建工作站，是街道"两新组织"党建工作的一大探索（图11.3）。目前街道有专业社会组织12家、草根团队65家，其中成立党支部的有11家，党员担任社会组织负责人的有19家，建立行动支部的草根团队有29家。街道运用"五色分类分层"管理制度，通过实施"凝聚力"工程，健全社会组织党建工作体系，推动社会组织党建工作从"有形覆盖"向"有效覆盖"转化，激发社会组织活力，不断增强党在社会组织中的影响力，切实提高社会组织为民服务的能力。

(1) 党建引领推行基层机制

党建工作站将"党建引领社会组织,让公益服务有色彩、有温度"作为工作理念,总结出"建好一个阵地,健全两项机制,落实三个同步,推行四个工程"的工作模式,通过"一站、一坊、一室"的运作机制,梳理"社会组织党建工作规范化清单""社会组织服务清单""社会组织党建考核评价清单"三份清单,实现社会组织发展与党建工作同步指导、同步规划、同步推进、同步见效、同步提升,积极实行社会组织与党组织同步审批、同步年检、领导班子同步调整、服务功能同步强化,以及党支部单独建、联合建、临时建、派员建的"四同四建"全方位覆盖模式。

(2) 聚力党建擦亮特色品牌

党建工作站推动社会组织行动支部与社区行动支部"双结对、双提升",实施社会组织党员、党组织、党务工作者"三提升"行动,探索"党建套餐"主题党日服务项目,提供"党课教育""公益活动""素质提升""学习交流""文体活动"五大类"党日活动菜单";将主题党日与特色服务相结合,打造出"一条热线、四个领域、百支队伍、千名党员"的"金色桂花"红色服务品牌,"老书记工作室"、夕阳红"一核四元"、驴先生"红色家长"、蝴蝶妈妈"党员社工双培养"等一批社会组织党建品牌应运而生。

(3) 聚力提升治理服务水平

党建工作站探索党建"五色管理法"和"社会组织评价体系",倡导由各社会组织党支部轮流召集主题党日活动,提出"1+N"社会组织与草根团队党建共建互助模式,等等,帮助社会组织规范党组织建设,提升党务工作能力,增强党组织的创造力、凝聚力、战斗力。党建工作站已经成为社会组织党建工作能力提升的平台、社会服务的平台、资源对接的平台、优势发挥的平台,每年开展公益服务近百场,受益居民近万名,得到了广大群众的认可和赞誉。"金色桂花"区域党建工作站为社会组织搭建党建平台,打造党建阵地,提供党建服务,提升党建水平,使工作站真正成为社会组织党员和志愿者的"红色之家",让公益坊服务在党建引领下更加"有色彩、有温度"。

二、组织作用护城心,功能保障助城善

国际经验表明,社会组织和公众参与古城治理与保护已经成为必然趋

势。社会组织自身的非营利性使其能够在城市保护的过程中更加注重文化遗产的非经济价值，更中立、更客观地参与城市保护工作。党的十八届三中全会提出要"改进社会治理方式，激发社会组织活力"。培育和壮大社会组织，推动实现"小政府大社会"的格局，也推动着社会组织参与城市治理。

1. 社会组织本领强，专业补充我在行

（1）社会组织性质较为独立，服务补充功能较为全面

现阶段，古城治理的内容纷繁复杂，治理维度也随着居民需求的增加而不断增加。传统的单一政府治理与市场化的参与皆存在着不同程度的"政府失灵""市场失灵"，如何在保障古城治理的同时满足不同居民的多元化需求？这就需要与居民联系紧密的社会组织这类主体的参与，以弥补政府与市场在古城治理中的不足。社会组织作为独立于政府与市场的第三方组织机构，主要基于民众自愿联合成立，层级机构较为简单。因其独特的公益性、适应性、能动性等特征，社会组织能够更好地接近居民生活，处理古城治理中基层所存在的问题。随着居民生活的需求越来越多，政府购买服务也在逐步发展中。虽然私营部门能够以更快的速度解决基层发展中的问题，但其市场化管理所带来的利益为先、效率至上的手段可能使公共服务的公共价值缺失，同时也有可能损害古城居民的利益。社会组织则能够以积极、灵活的特性和社区居民利益代表的身份参与古城治理。

（2）多元服务满足群众需求，专业技术提高治理效率

政府处于社会结构的顶端，其可以把握社会大的发展趋势，但是对于古城治理中面临的多维度、复杂性问题，往往很难把控其解决方法与发展趋势。政府由于专业性受限，在进行治理时为凸显公平，通常会出现"一刀切"的状况。这种治理会造成过度标准化，从而影响购买居民生活服务的质量与水平。社会的事情应该交由社会去解决。古城中的社会组织出身古城，也服务于古城。其自身特质所带有的民间性、专业性使其相较政府而言，能够更迅速、更具效率地了解古城治理中基层主体的实际情况。比如苏州市善爱手语公益服务中心在疫情期间对于弱势群体的统计，社会组织运行的专业性模式使其比政府更具效率优势。同时，社会组织随着自身的发展可以更具前瞻性地洞察古城保护与发展中的问题，在政府发现问题前，做出警示与预防，从而为未来古城治理效率的提高奠定坚实基础。此外，社会组织由于贴近群众生活，因此，在古城发展与保护政策制定的过

程中，能够及时、客观地反映民意、民声，不仅可以帮助民众解决问题与需求，还可以在更大程度上减轻政府负担，维护社会稳定，提高古城治理效率。

（3）组织服务内容覆盖面广，弱势群体服务内容专业

"服务型政府"建设是我国新时代中国特色社会主义建设的目标。对于政府来说，公共服务的提供要具有全面性、覆盖性。但随着社会的发展与城市经济的提升，居民对于公共服务的需求也越来越具有多样性、多层次、个性化的特点。由于政府的服务是以实现大多数人的利益为目标，因而无法提供令所有人都满意的服务，而社会组织的专业性恰好弥补了政府服务的不足，因而社会组织的应运而生就具有了必要性和必然性。社会组织是由代表不同利益的群体组建而成的，反映了古城治理中各自群体的现实需要和潜在需求，因此，社会组织提供的服务往往比政府和私营部门更加有效率、有质量，覆盖范围也更加广泛。例如在古城治理中的进城务工人员权益保护、公共卫生、儿童照护、残疾人保障等方面，社会组织都发挥着政府和私营机构不可替代的作用，也因其非营利性得到民众的信赖，在古城治理中发挥着自身独特的服务优势。[1]

（4）组织目标导向性明确，专业能力偏向性较强

社会组织是人们为了特定的目标而建立起来的，具有很强的目标导向性。与政府公共服务的提供所具备的全面性不同，社会组织的建立大多是基于目标的针对性。关注某项社会问题和某种特殊群体是绝大多数社会组织建立之初的明确目的，随着组织的建立，其吸收引纳进来的工作人员也会具有这种偏向性。比如指尖秀和善爱手语等社会组织，因其凝聚的是在某一特定领域的专业人士，由此，在参与古城治理的过程中，其逻辑思维和治理角度与政府有所不同，往往更能通过专业性视角形成科学有效的治理策略。而政府处理日常的公共事务往往并不具有很强的针对性，长期从事某一特定领域的公共事务会形成思维定式和领域限制，必然难以适应多样性和多元化的突发情况。因此，社会组织的专业优势是其参与城市治理的必要条件。[2]

---

[1] 梁宇. 社会组织在城市社区治理中的独特力量 [J]. 人民论坛, 2017 (21): 68-69.
[2] 柴蓓蓓, 左婧楠. 我国非政府组织参与社会治理的优势研究 [J]. 中小企业管理与科技, 2013 (12): 123.

2. 古城治理我参与，认同维稳助建设

(1) 促进政府职能转变，弥补政府市场缺陷

社会组织的发展使基层政府的职能发生转变，促使政府由全能型政府向有限型政府转变。在提供公共服务方面，政府已从依托居委会跳"单人舞"转向政府搭台、各种民间组织"共舞"。社会组织在发展过程中进一步推动了国家与社会关系的根本性变革，国家将原本属于社会的权力归还社会。同时，在这一过程中，政府对自身的职能也进行了重新定位，更加体现了政府以人为本的服务理念，如从"如何把居民管住"向"如何使居民生活得好"的方向转变等。① 全面深化改革促进政府职能转变，要求政府只需要扮演好"掌舵者"的角色，起到牵引、指导的作用，将原来拥有的部分职能转移给社会，而在承接这些职能的过程中，社会组织发挥了极大的作用。社会组织承担了原来由政府及居委会实际承担或应该承担的任务，使政府从纷繁复杂的社区事务中脱离出来，减轻了政府负担，提高了公共服务的供给效率，有利于形成"小政府、大社会"的格局。

伴随着社会管理体制改革的不断深入，社会治理结构发生了深刻变革。在古城治理的进程中，社区社会组织作为各级政府加强社会管理和提供公共服务的重要助手，通过开展各种活动和公共服务，协助政府管理公共事务，弥补了政府功能的不足，有助于实现社会的公平正义。社会组织通过与基层政府的合作，以多种方式协助政府进行社会管理，帮助居民解决日常生活问题，如养老服务、维权服务、医疗卫生服务、儿童入园问题等。以前，由于政府行政的有限性，政府向社会提供的公共产品和服务只是面向一般大众，满足绝大多数人的利益需求，而忽视了少数人的需要。社会组织通过购买公共服务、签订协议等方式，可以为居民提供有针对性的服务，尤其是满足一些特殊群体的利益诉求，如残疾人、儿童、贫困人群等，弥补了政府与市场在这方面的缺陷。此外，在这个过程中，社会组织还可以促使居民之间形成互帮互助的良好氛围，为建设和谐城市贡献力量。

(2) 满足居民多元需求，加强居民城市认同

随着苏州经济社会的发展，人们的需求也在逐步提高。政府以往大包大揽的做法，仅针对社会整体需要。随着居民多元化、差异性需求的不断

---

① 夏建中，[美] 特里·N. 克拉克，等. 社区社会组织发展模式研究：中国与全球经验分析 [M]. 北京：中国社会出版社，2011：79-138.

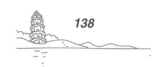

增加，个性化和差异性的服务成为必然。社会组织的出现，以居民多样化需求为主要目的，其作为服务居民的有效载体和平台，不仅丰富了居民的文体生活，对于居民自身素质的提高和居民个人权益的维护也有着重要的保障性作用。社区居民为了满足自身多元化、多层次的精神文化与心理需求，自主自愿参与不同类型的社会组织。社会组织活动的开展不仅满足了人们自身的需求，也为邻里之间的交往联络拓展了空间。公共性是公共管理的核心特征之一，社区是具有公共性的古城治理的主要主体，社会组织正是基于这种公共性而培育和发展的。现代社会的发展使人们之间的关系愈加疏远，城市社区居民之间越来越缺少沟通联系，社会组织的出现在一定程度上弥补了这方面的缺失，增强了社区的凝聚力，提升了居民对于社区的认同感和归属感。社会组织将有共同需求和兴趣爱好的人组织在一起，通过开展形式多样的活动，增进居民之间的沟通交流，使人们之间形成相识、互助的良好氛围。同时，通过各种贴近生活的活动，吸引、发动居民积极主动参与社区事务管理，有助于培养社区居民的公共精神，提升其对于社区的认同感和归属感。

（3）组织化解社会矛盾，政社共筑社会和谐

城市和谐稳定的秩序依赖矛盾、冲突的调解机制，而社会组织能够发挥这种调解机制的作用，其不但能够将群众的需求反映出来，还能够有效处理社区成员间的矛盾，使其能够和睦相处。① 当前，我国社会正处于全面转型的加速期和社会结构优化调整的关键期，作为国家与社会治理组成部分的古城治理在这个过程中面临着经济与社会发展不均衡、收入差距拉大、利益与资源分配不公平、社会不稳定因素增多等诸多矛盾与问题。为了疏导和化解这些矛盾与问题，需要建立一种有效的机制和平台，而社会组织的发展正是顺应了这一迫切要求。

社会组织既是化解社会矛盾的"稀释剂"，也是维护社会稳定的"安全阀"。社会组织可以以组织化、专业化、制度化的方式向上反映不同群体的利益诉求，使公众的合理诉求得到有效满足，并通过沟通互动的方式协调不同群体之间的利益关系，减少社会矛盾的激发。同时，社会组织作为密切联系党、政府和社区居民的桥梁纽带，可以发挥党员在其中的模范带头作用，将党的政策决定及时贯彻到组织之中，以维护组织的有效运

---

① 潘修华，龚颖杰. 社会组织参与城市社区治理探析 [J]. 浙江师范大学学报（社会科学版），2014（4）：79-84.

转,实现组织的健康良性发展。此外,社会组织还可通过定期调研,将社区居民的诉求与意见及时、准确地反映给党和政府,同时将党和政府的政策思想有效传达给社区居民,从而减少因沟通不畅、政策不实导致顶层设计与公众诉求不一致而产生的矛盾,维护社会的和谐稳定。

(4)精准扶持弱势群体,共同建设友善城市

突发性公共卫生事件有可能使弱势群体在生活上无法支撑,从而在心理上出现异常。社会组织向弱势群体提供社会支持有自身的优势,它们拥有专业的知识和丰富的经验,对弱势群体的需求反应较敏感,工作方式较灵活,所提供的支持内容更具个性化,因而能够及时对其提供精准救助。例如,社会组织在残疾人问题的识别和判定、介入方式的选择,以及资源的协调匹配方面具有极大的优势。在重大突发公共卫生事件中,社会组织一方面积极探访残疾人家庭,提供专业的心理疏导、情绪支持;另一方面组织和培养面向残疾人的专业志愿队伍,参与物资配发、信息登记等工作。康复机构作为向伤病或伤残群体提供专业康复意见和服务的机构,可以为残疾人家庭成员或志愿者队伍提供专业的康复知识,帮助残疾人在条件有限的环境中获得较好的照护。此外,在重大突发公共卫生事件中,基金会也能充分发挥募集资源的作用,保障残疾人日常物资、防疫物品、特殊药品及辅助器具的供应。① 总体而言,社会组织是落实政府政策和措施的有力助手,在完善弱势群体社会支持网络中承担着重要的补充作用。

---

① 江传曾,许严晓,朱文轩,等.重大突发公共卫生事件中残疾人的困境与应对——基于社会支持理论与湖北省抗击新冠肺炎疫情的实践[J].社会保障研究,2022(1):79-86.

案例 12
政社互动的红丝带
——苏锦街道"能人库"的探索与实践

正值酷暑,悠长的街道带着一丝慵懒与疲惫,寂寥地听着蝉鸣。在姑苏区平江新城苏锦二社区里,却挤满了一群兴会淋漓、热情洋溢的人。他们有老有少,正秩序井然地在窗口前排队注册,为了领取一张小小的志愿服务 IC 卡。"我是苏锦街道的一名党员,现在退休了,平常也没什么事情干,街道通知我们可以加入'能人库',凭借自己擅长的知识和领域服务别人。我当然第一个报名参加!我退休前是做电器维修的,正好可以帮街坊邻居修修家电,何乐而不为呢?"刘爷爷摩挲着那张志愿服务卡笑得很开心。"对啊,我上周还去'剪发能人'王奶奶那里剪过头发呢,感觉她的手艺很好,我心想自己也没啥技术可以帮到大家,但是我有一点摄影功底,所以我也就来报名能人了。"秦奶奶笑着划拨着手机上她参加摄影大赛的图片,展示着她擅长的独到领域。报名能人的还有二十几岁的小伙子,他说:"我是想报名'电脑技术能人'。平时我就会教我的奶奶使用手机和电脑看看网上新闻和股票行情的,我知道很多老人有上网的需求,我就想自己能不能专门来教他们,让我们社区的老人都成为'冲浪达人'。"

"今天下午来注册报名能人的就有 20 多人,涉及的领域非常多元,有'戏曲能人''修理能人''书法能人''电脑能人',还有一些调解居民琐事的'调解能人'。通过这次报名,我们也才了解,我们社区真的是卧虎藏龙。今天能人们来报名注册后,就会被登记到我们社区的'能人库'中,在他们每次志愿服务的时候,可以用考勤机刷卡,计算服务的时长。到了年底,我们会算出各位能人的累计志愿服务时间,大家可以凭借这些志愿服务时间兑换相应的社会服务。"苏锦街道工作人员这样介绍道。

一、拨云见日:一件小事引发深思

姑苏区苏锦街道有多个动迁安置小区,总人口1万多人。这一特点导致了街道内居民的文化水平、需求层次参差不齐,社区工作人员的管理难度较大,无法满足所有居民的相应需求。那么"能人库"的创新做法是如何产生的呢?这还要从一件小事说起。2014年11月,苏锦街道苏锦二社区一户居民装修婚房,因为疏忽,不小心将自来水漏到了楼下邻居的房间,双方便产生了纠纷,长期无解,最终找到社区居委会希望进行调解。但社区居委会调解能力有限,最终事情没有得到妥善解决,于是双方当事人气鼓鼓地想要诉诸法院。然而这件事情偶然被热心的社区居民王茜听到。王茜一直因为擅长说理与调解在社区群众中有一定的威信,大家都认可王茜的说理专业度。于是王茜上门动之以情,晓之以理,以公正的态度进行调解,双方的怨气因此消了七八分。最终,双方彼此道歉,楼上居民也给了楼下居民相应的经济赔偿。①

"苏锦街道居民多,服务人员少,服务人员肯定有方方面面照顾不到的地方。我们一直在思考,街道在这种情况下,我们区区8个工作人员,如何服务好社区9 000多人?"于是苏锦街道社区党委书记受王茜的事迹启发:"我们社区是否可以给这些在各自领域出类拔萃的能人建立一个'能人平台',让居民形成'能人自组织'呢?"于是建立一个"能人库"的想法在她脑海中应运而生。

二、躬行实践:"能人库"横空出世

1. 挖掘"能人宝藏"

能人不仅是"能人库"必备的要素,也是"能人库"实践欣欣向荣的前提,更是社区真正的宝藏。那么如何拥有一双发掘能人的眼睛,在共计近万人的苏锦街道中,精准地找到他们呢?同时,能人是否有界限呢?是不是在某些领域有所擅长的居民都能称为能人呢?苏锦社区对这些问题进行了深入的思考。"我们认为社区能人是社区最宝贵的资源,他们是社区自治的新的力量与血液。只要居民想,每个人都可以挖掘自己擅长的领

---

① 王伟健. 江苏苏州市姑苏区苏锦街道发动居民参与社区建设和民主自治——"能人库"助力社区治理[EB/OL].(2015-01-13)[2022-04-30]. http://dangjian.people.com.cn/n/2015/0113/c117092-26373385.html.

域与能力,人人都可以做能人,人人都可以为我们社区的建设添砖加瓦。所以我们觉得能人没有界限、也无论老少。"苏锦街道社区党委书记继续说道,"我们当时是利用了很多平台进行宣传和呼吁的,我们知道当时'能人库'刚起步,很多居民不是很懂我们在做什么,我们就尽力地对居民进行讲解,我们也设置了一些志愿服务的奖励机制来鼓励居民的参与。我们想把'能人库'做成我们自己的品牌与特色,让居民真正参与社区的建设与治理,从旁观者真正转变为参与者和贡献者。"

"如果您是社区里的'信息能人''法律能人''智慧能人'……如果您是小区里的电气工、维修工、家电能手……邻居的家长里短需要您来唠唠嗑;社区的琐事杂事需要您来帮帮忙;居民难解决的小问题大困难需要您来一显身手!'能人库'欢迎您!"2017年,"能人库"的想法正式在苏锦街道落实,社区开始广泛张贴"能人库"招募令进行宣传,期待越来越多的居民能够加入进来。"您是社区能人吗?"这句话俨然成为当时社区中最流行的话语。"我们当时的想法是只要你愿意,只要你有擅长的东西,就可以加入进来,壮大'能人库'是我们起步的第一步。'"当然,苏锦街道在挖掘能人的做法方面也不止于此。"我们当时看到这个招募令的时候心里还有点犯嘀咕,我们不知道自己能不能真正帮助到别人,也怕自己在做能人的时候受委屈。"能人志愿者张阿姨说,"后来社区有一个叫'能量站'的地方,里面有一些心理辅导老师,他们会教我们如何更好地帮助别人。并且如果我们受到委屈,还会帮助我们排解压力。我觉得这个做法真的很好,解决了我们很多的顾虑。"于是"能人库"在左手"寻宝"、右手"护宝"的过程中脚踏实地地摸索。至此,"能人库"初见雏形。

2. 保障制度先行

苏锦街道的工作人员深知,在"能人库"的培育中,挖掘能人只是第一步,接下来任重而道远。"我们当时忧虑的是很多人注册登记成为能人之后不能持续地为大家提供帮助,如果这样的话,'能人库'也只是昙花一现的新奇事物。"于是,苏锦街道工作人员开始探索"能人库"的标准化制度,想通过确立制度的方法,保障"能人库"的持久运行。"我们当时的想法是,我们不仅要有一定的激励制度来鼓励大家一直做这件事情,还要对能人进行大致的分类,确定不同能人的大致服务内容。

由此,苏锦街道"能人库"的积分制度上线了。社区能人在参与志愿服务前后要在考勤机上进行打卡,这样社区就能知晓并记录能人进行服务的时长与次数。每到年末,苏锦街道各社区将根据居民的服务时长评定志愿服务等级,居民还可用自己累积的服务时长兑换一些社会服务。每年社区还会评选"优秀能人"给予奖励。虞阿姨是社区的"理发能人",她说:"我每天都会接到社区的电话,说我们社区哪一户居民又有剪发的需求了。"然后虞阿姨就会拿着她的理发百宝箱,上门为居民理头发。虞阿姨通过自己的劳动也享受到了换取免费电影票或者其他社会服务的权益。她说:"社区这样的想法真的很好,我们不仅帮助别人,还能获得一些服务,这让我们更加有做能人的动力了。"

苏锦街道"能人库"中的能人主要有三大类——民生类能人、文体类能人和调解类能人。其中,民生类能人主要为社区居民提供日常的生活服务,文体类能人主要带领居民丰富文化与精神生活,调解类能人则主要是作为中间人解决居民之间的矛盾纠纷。具体的服务内容如表12.1所示。

表12.1 苏锦街道能人类型与服务内容

能人类型	能人服务内容
民生类能人	常年为老人和残疾人开展理发、义诊、陪护聊天等活动,也为居民提供维修等志愿服务
文体类能人	依托社区文体团队,开办摄影、书法、戏曲等工作室
调解类能人	利用自己的声望和公正的断决,调解社区居民之间的矛盾纠纷

3. 点燃组织引擎

经历了挖掘能人、为能人提供制度保障的运行进程后,苏锦街道已基本建成"能人库"的平台,能人在属于他们的舞台上尽情绽放自己的光彩。但是"能人库"作为自组织,要想长久地发展、形成可持续的品牌,最为关键的一环便是"点燃组织引擎,提升组织凝聚力",即增强居民对"能人库"和社区的认同感与归属感,并形成凝聚动能。苏锦街道想出了两种办法来激活"能人库"。

一方面是培养"能人骨干",形成"能人团队"。一个自组织的核心团体是组织之魂。培养骨干,不仅能带动组织核心凝聚力的形成,也能使组织产生自我认同。苏锦街道工作人员说道:"我们鼓励居民根据自己的爱好组成'小团体',建立不同的'能人团队'。比如这边居民比较喜欢跳广场舞,我们鼓励他们在不扰民的情况下,每天在我们的广场上跳跳舞。久而久之，每天傍晚这里便形成了一道独特的风景线。"苏锦街道最突出的"能人团队"是金螳螂能人团队与凤凰书社能人团队。2021年，凤凰书社公益服务队在姑苏区苏锦街道成立，并入驻"苏锦能人库"，凤凰书社的前身是苏州书法教育"千百工程"纪检干部书法培训班，现今成为一支服务社区、惠及居民精神文化需求的志愿服务队伍。其主要作用为定期开展居民喜闻乐见的文化活动，为社区提供高品质的文化服务，引导居民在生活中打造"文化共同体"。"我们也鼓励能人不断发挥自己的余热，成为'带头人'，发挥他们在组织中的核心带头作用，这样能促进居民产生团队认同，形成组织的目标与规则。"

另一方面是用丰富的手段与形式激活组织。例如开展"能人课堂""能人广场""能人舞台""社区能人亮身份"等活动，着力打造"能人社区"。李大伯是苏锦街道的一位普通居民，已经60多岁，每月退休金2 000多元。2016年，他不幸遭遇车祸，一直在家休养。祸不单行，他的妻子沈阿姨在2017年初不慎摔倒，造成手臂骨折。他们的儿子也一直待业在家。李大伯一家的生活十分清贫。2017年5月，姑苏区"六个一"基层走访调研这个家庭时，了解到李大伯的情况，得知李大伯以前曾是一名厨师，还有厨师证，就把他纳入"能人库"，为社区的居民教授厨艺。于是，李大伯家的厨房间变成了"能人课堂"，很多居民向他拜师学艺，还有一家饭店向他抛出了"橄榄枝"。

由此可见，苏锦街道运用多种手段不断激活社区自组织，培养居民的自治度与自主性，通过"居民服务居民，居民劝解居民"的方式，推动居民的问题得到更快速、更有针对性的解决。

三、终获蜜果：能人工作品牌蒸蒸日上

随着苏锦街道"能人库"的不断发展壮大，"能人库"这个词已经被周围不少街道知晓并开始效仿。苏锦街道随即建立了"乐益家园"能人工作品牌，使"能人库"成为解决居民难题的"钥匙库"、推动社区治理发展的"智慧库"、传播社会正能量的"素材库"、弘扬善行义举的"典型库"（表12.2）。①

---

① 于丽丽,范文蔚.苏锦街道"能人库"变成社会治理大"智库"[EB/OL].(2014-08-11)[2022-04-30].http://www.gusu.gov.cn/gsq/zwyw/201408/0be41b098f7444ddbdaefeeaf891da4e.shtml.

表 12.2 "乐益家园"工作品牌内容

品牌名称		品牌内容
"乐益家园"能人工作品牌	"钥匙库"	帮助居民解决日常生活问题，培训相关技能
	"智慧库"	发挥居民的自治作用，为社区发展献言献策
	"素材库"	搜集能人志愿服务的故事，形成宣传素材
	"典型库"	发掘善人善举，挖掘身边不平凡的人

1. 解决居民难题的"钥匙库"

图 12.1 能人风采墙

来源：课题组实地调研拍摄

"一把钥匙开一把锁"。苏锦街道的能人即"钥匙"，"能人库"即"钥匙库"。苏锦街道工作人员说道："我们的能人们就是解决问题的钥匙。我们的钥匙多种多样，有维修家用电器的，有缝补衣服的，有教授太极拳的，有研究曲艺的，还有普法的，等等。上有高雅艺术，下有普通生活……"（图 12.1）

"我们的能人还与时俱进。最近有很多电脑技术达人，主要职能就是教社区的居民使用手机和电脑炒股或是逛淘宝，他们在现在数字化的环境中为很多老年居民解决了应用手机的技术难题。"苏锦街道的能人逐渐成为社区的得力助手，给社区减轻了负担，成了名副其实的"钥匙"。

2. 推动社区治理发展的"智慧库"

社区工作不能只靠社区工作人员几个人的付出，还需要生活在其中的社区居民建言献策，提出自己的想法与要求。于是苏锦街道聘用了一些党员骨干、非公团组织的公益能人组成顾问团，顾问团的成员会定期碰头讨论社区建设与治理，提出自己的金点子、好观点。"我们也提出了一些适用于苏锦街道的想法，比如要打造 15 分钟银龄党员生活服务圈；我们也经常参与街道的一些活动与规则的策划，有些社区活动也是由我们牵头完成的。"说到这些，顾问团成员们充满了自豪。在某种意义上，社区成员是最了解社区的人，苏锦街道借用能人的智慧搜集关于社区建设的相关意见与建议，并与其讨论实施落地，实为一种社区自治的创新之举。

3. 传播社会正能量的"素材库"

在苏锦街道党群服务中心的墙上，陈列着一排排能人们的生动事迹。社区将"优秀能人"的姓名、专长与服务群众的故事张贴在此予以宣传，这里俨然成了有意思又鲜活的素材库（图2）。这里的每一个事迹都弘扬着社会正能量，如社区"书法能人"

图 2 苏锦街道"能人墙"

来源：课题组实地调研拍摄

自愿书写文明公约，增强居民的文明意识；社区"宣讲能人"开办能人讲坛，讲述身边的人和事；社区"小能人"暑期成立志愿者团队，担当社区安全监督员；等等。社区里还有一位"手工艺能人"金阿姨，出生在板刷村的她从小就耳濡目染了父亲制作板刷的方法，从16岁开始制作板刷至今，如今已是第40个年头。金阿姨的手艺让很多居民慕名来求教，也吸引了多家媒体争相报道。苏锦街道的"能人墙"成了名副其实的传播正能量的"素材库"。苏锦街道的通讯员也说，这面墙是其撰写宣传报道的"灵感源泉"，其珍贵的价值不言而喻。

4. 弘扬善行义举的"典型库"

日行一善心自宽，送人玫瑰手留香。"善"作为中华文明最基本的组成元素之一，有着极为重要的特质和核心价值。苏锦街道将"能人库"化身为承载善行义举的"典型库"，打造出弘扬社区善行的一道亮丽的风景线。街道内一位退休党员常年和辖区内聋哑人帮扶结对，解决聋哑人的日常生活与娱乐等需求，用自己的爱心与义举链接了"有声"与"无声"的两个世界。能人们还义务教居民学习手语，期冀有越来越多的人加入关爱聋哑人的队伍。点点滴滴，皆镌刻成了"无私奉献、守望相助"的典型事迹。苏锦街道的社区能人们用坚持不懈的付出，弘扬了扬善树善的美好品德，将平凡人、平凡事发掘为典型人、典型事。

"乐益家园"四大工作品牌的建立充分调动了社区能人们的积极性，让他们"想参与、敢参与、能参与"社区建设。至此，"有困难，找能人"已成为邻里习惯，"邻里和睦，守望相助"的良好氛围已然形成。

结语："能人库"——一条政社互动的红丝带

如何不断完善并创新社区治理的服务与功能，使居民充分享受到社区的便利之处？怎样才能让社区居民从"陌生社区"走入"熟人或半熟人社区"，形成和睦自治的氛围？这些一直是许多社区工作者关注的议题。苏锦街道在几年前弱势群体较多、资源有限、居委会业务繁忙的劣势下发现了"能人"这一契机，创新性地建立了"能人库"模式，搭建了居民自治的舞台，成功地将劣势转为优势，树立了"乐益家园"品牌。苏锦街道通过"挖掘能人—制度保障—激活组织—树立品牌"的方法，打通了社区治理"最后一公里"，实现了精准公共服务"零距离"，系统性消解社区能人与社区公共事务之间的长期阻隔，开创了优化社区治理的新格局，其在促进政社互动方面的意义毋庸置疑。

一方面，苏锦街道通过"能人库"模式培育了社会资本。能人们像光源一样，把更多优秀的能人吸引过来。能人与社区居民团结互助、相伴而行，使得彼此在相互帮助、相互服务的过程中融洽了邻里关系，在城市社区中重建了"邻里和睦，守望相助"的氛围。另一方面，苏锦街道通过"能人自治"构建起"共建共治共享"的命运共同体。能人们通过参与社区治理成功起到了黏合剂的作用，搭建起了沟通居民与社区的桥梁，促进了社区治理的参与多元化。苏锦街道"能人库"已成为政社互动的红丝带，不仅串联起街道社区与居民的心，还强化了社区资源的整合功能，成为街道创新打造基层治理模式的工作品牌。

生态治理篇

案例 13
立足双棋盘格局做活"水文章"
——姑苏区一盘棋推进河道治理的成功实践

一、古韵今风交相辉映：双棋盘格局穿越千年

回眸姑苏古城历史，一河清水承载古今，两千五百多年前，伍子胥"相土尝水""象天法地"，开启了姑苏繁华和谐的人间图景。其以八卦理论设计城池，构筑成周长47里大城和周长10里内城的姑苏古城，并充分利用水这一自然条件，以城外的河湖为依托，在城内有计划地开凿了一条条河道，构成非常完善的城市交通系统。姑苏古城的河道多为东西走向，而传统中国民居多为南北朝向，于是前街后河，家家临水，"水陆相邻，河街并行"成了古代苏州百姓的日常生活常态。（图13.1）

姑苏区作为苏州的政治、教育、文化、旅游中心，是吴文化的重要发源地，文化底蕴深厚，至今还基本保持着"小桥流水、粉墙黛瓦"的江南风貌和"水陆并行、河街相

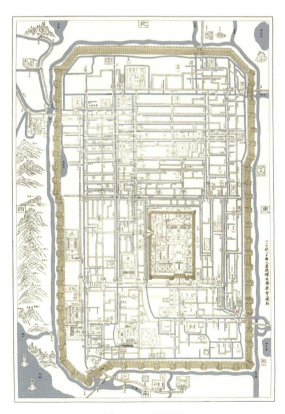

图 13.1 平江图

邻"的双棋盘格局。姑苏古城依水而建、伴水而兴、因水而名，然而近年来，随着城市改造进程的加快，河道数量骤减，河道沿线违章搭建严重，城区河道水环境污染问题突出，河道保护成为古城保护的重中之重。

二、千年文脉一水相承：保护与开发齐头并进

党的十八大以来，习近平总书记的考察足迹遍布全国多个省份的文博单位。"我们爱这个城市，就要呵护好她、建设好她""避免'千城一面、万楼一貌'""保护文物功在当代、利在千秋""不能搞过度修缮、过度开发""发展旅游要以保护为前提，不能过度商业化"……殷殷嘱托寄寓了总书记对文脉延续的深刻思考。① 以习近平同志为核心的党中央站在新的历史方位，从留住文化根脉、守住民族之魂的战略高度关心和推动文化与自然遗产保护工作，作出了一系列重要指示和全面部署。② "十四五"时期，苏州将深入贯彻落实习近平总书记视察江苏重要指示精神，践行总书记"勾画现代化目标"的殷殷嘱托，努力建设社会主义现代化强市。③ 当千年古城面临历史性机遇时，要进一步创新古城保护和开发的运行机制，确保"1+11"方案各项目标任务的落实，打开古城保护新局面。

姑苏区作为全国唯一的国家历史文化名城保护区，是苏州"一核四城"战略之"核"。围绕保护与开发并行的行动逻辑，姑苏区政府布局诸多妙棋，通过完善落实制度保障、持续改善河道水网、齐力推进水岸共治、加快推动文旅融合等行动举措，全力打造"河畅、水清、岸绿、景美"的古城区新风貌。目前，姑苏区共有各级河道180条，总长度约240千米，构成了完整的河道水系网络，水面率达9.5%，河网密度达到2.82千米/平方千米；水功能区水质达标率100%，黑臭水体全部消除；姑苏区水上旅游资源优势凸显，推进文、商、旅融合，激发运河活力，切实做到以水护城、以水系情、以水为媒，牢牢把握着这座古城的根与魂。

---

① 张晓松，林晖，朱基钗，等.贯通中华文脉 照亮复兴之路——党的十八大以来以习近平同志为核心的党中央激活中华文化的历史性贡献述评［EB/OL］.（2022-01-04）［2022-02-08］.http://hn.people.com.cn/n2/2022/0104/c338398-35080421.html.

② 施雨岑，吴晶，胡浩.文明之光照亮复兴之路——以习近平同志为核心的党中央关心文化和自然遗产保护工作纪实［EB/OL］.（2019-06-09）［2022-02-10］.http://www.xinhuanet.com/politics/leaders/2019-06-09/c_1124599401.htm?agt=3658.

③ 许昆林.许昆林：践行总书记殷殷嘱托 谋划苏州发展新优势［EB/OL］.（2020-12-01）［2022-02-20］.http://js.people.com.cn/BIG5/n2/2020/1201/c360300-34447367.html.

三、下好河道治理一盘棋：做足做活水文章

1. 先手棋：完善落实制度保障

（1）推进试点工作，三个立足织密司法网络

姑苏区法院牵头大运河（苏州段）沿岸沿线五家基层法院，共同签署司法协作协议，加强环境资源类纠纷的预防和处置，共同推动大运河生态环境保护提升和沿线文化遗产保护传承。①

姑苏区司法局积极沟通对接，以联动聚合力，以虎丘街道为试点，践行环境司法保护理念。其一，立足特色，前移保护阵地，依托辖区山塘河运河特色与法治保护经验，以"六五环境日"为契机，与区法院达成巡回审判站共建合作，在虎丘街道成立全区首个古城大运河司法保护巡回审判站，在推进大运河保护工作的同时扩大普法宣传效果，增强环境资源审判社会效应，实现古城大运河司法保护"零距离"；其二，立足本职，强化法治宣传，提升辖区居民群众的知晓度与运河保护监督的参与率（图13.2），走进山塘中心小学举办"大手牵小手，爱古城，护运河"普法活动，增强青少年环境资源司法保护意识；其三，立足协作，规范队伍建设，发挥联动优势，丰富与区法院太湖流域环境资源保护法庭的合作形式，定期开展大运河保护相关案件巡回庭审活动，组织社区法律顾问、"法律明白人"、社区工作者等系统学习环境保护相关法律知识，织密大运河司法保护网络。②

图13.2 面向居民开展普法活动让"爱古城护运河"理念走进千家万户

来源：苏州市中级人民法院，https://www.163.com/dy/article/GPJ6NBOG0514BT5U.html

---

① 苏州市中级人民法院. 共筑司法屏障 守护大运河［EB/OL］.（2021-11-24）［2022-03-12］.https://www.163.com/dy/article/GPJ6NBOG0514BT5U.html.

② 姑苏区司法局. 区司法局"三立足"加强大运河姑苏段司法保护［EB/OL］.（2021-06-16）［2022-03-12］.http://www.gusu.gov.cn/gsq/c100154/202109/606284ab4a254670a69d77a2df9da6dd.shtml.

(2) 出台标准文件，三道关卡实现长效护河

2019年，姑苏区人民政府与苏州市水务局联合出台并施行《姑苏区河道高质量管护标准（试行）》。作为苏州市首个河道管护方面的标准化文件，该标准从违法建筑管控、排水口管护、餐饮业管控、环境管护、长效监护、风貌提升和持续改进等六个方面明确了河道管护要求。

为实现长效护河，姑苏区设下三道关卡。第一道关卡是组织后评价，即对已达高质量管护标准的河道，姑苏区河长办每季度组织后评价，对于1次后评价未能达到标准的河道予以通报警告，累计2次后评价未能达到标准的河道予以摘牌；第二关是开展监测评估，即姑苏区河长办组织第三方单位每季度对河道管护情况开展监测评估，对各街道高质量管护河道达标率、河道监测问题数率、问题整改率进行排名并全区通报；第三道关卡是进行考核监督，即任务下达后仍须进行考核监督，压实基层河长主体责任，提高河长制工作成效。2021年，19位区级河长共开展巡查调研69次，认真记载巡河情况，共签发河长交办单38份，各责任单位全部办结。①

(3) 制定工作方案，严格督办消除安全隐患

2020年12月，姑苏区人民政府制定并实施《姑苏区涉河安全治理工作方案》（以下简称《工作方案》），要求严格督办确保消除安全隐患，持续完善河道安全治理工作。

《工作方案》着重要求对沿河房屋、河道驳岸、沿河树木等三个方面的安全隐患进行全面治理，要求2021年6月底前完成重点隐患治理。姑苏区河长办每季度召开专题会议，持续推动治理进程，监督确保解危措施落实。隐患解除验收后形成销号清单，实现工作闭环，充实完善"一河一档"。2021年年底，姑苏区住建委共消除隐患杂树200棵、沿河隐患房屋75处。治理成效显著，姑苏区沿河杂树不再"伸手"阻拦船只，危房逐渐淡出视野。

2. 关键棋：持续改善河道水网

(1) 沟通水系：有序恢复历史河道

随着城市改造进程的加快，苏州市河道数量骤减。苏州的古城保护首

---

① 姑苏区宣传部. 姑苏区：兴水利民　续写幸福河湖发展新篇章 [EB/OL]. (2022-03-23)[2022-04-10]. http://www.gusu.gov.cn/gsq/zwyw/202203/448e041da687427a9da5c4a16828b700.shtml.

先从沟通水系开始。2020年，在姑苏区平江历史文化片区内，一条消失了近半个世纪的小河道——全长607米的中张家巷河通水重生。"没想到，有生之年还能再看到这条河。"住在中张家巷的老居民樊大爷感慨万千。

作为苏州古城内首个实施的河道恢复工程，中张家巷河恢复工程历时15年，于2005年立项、2020年完工，展现了苏州保护古城格局的决心。河道开挖之初，同济大学国家历史文化名城研究中心主任阮仪三就提出，虽然重挖河道不可能恢复淘米洗菜的旧时场景，但是，"从河道、房子、河桥、驳岸等处引起联想，回想起旧时依托于水的公共及家庭生活空间，那种慢生活，便是江南文化的乡愁。把'乡'留住，才能有'愁'"。① 之后，苏州将进一步实施王天井河、校场河、菉葭巷河等历史河道的恢复工程。

（2）监测哨兵：推动科学治理污染

① 科学水质监测。根据"环境质量只能变好，不能变坏的"硬要求，苏州国家历史文化名城保护区（姑苏）生态环境局紧盯目标，聚焦难点，对省考轻化仓库断面开展溯源加密监测工作。利用水质监测的"哨兵"作用，苏州国家历史文化名城保护区（姑苏）生态环境局在京杭运河、18条入河支流支浜及12条相关联河道上布设45个断面监测点，对水质明显波动的河道断面，会同水务部门、相关街道及时进行分析研判，力争第一时间解决异常问题（图13.3）。

图13.3　水质监测现场

来源：苏州生态环境微信公众号，https://mp.weixin.qq.com/s/HUcnc4yCMvV3rXmjuB5Xcg

② 智慧数据中心。面对河道保护方面的需求，姑苏区不断创新举措。姑苏区城市运行联动指挥中心在生态环境主题中可以呈现姑苏区水环境、河长制信息和环境执法几大模块。水环境模块中，系统可以基于水质监测

---

① 苏雁. 水巷小桥，寻他一缕乡思——历史文化遗产保护的"苏州答卷"[N]. 光明日报，2022-02-28（07）.

传感器,对关键指标生成监测数据并推送到姑苏区城市运行联动指挥平台中,超过规定值会触发警报,从而精准把控水污染治理方向。

③ 合理部署安排。河道治理探索运用综合治理项目化、基层基础网格化、现代科技信息化等方法和手段,形成姑苏区河长办、网格中心、相关政府职能部门、城市运行联动指挥中心等信息化平台互通、互动、互联,积极发挥水质监测哨兵作用,推动河道治理工作有机融合、资源有效整合、功能科学聚合。

(3) 智巡智防:靶向精准治理河道

① 无人监测船。在仙人大港,无人监测船代替人工完成水上采样、数据分析任务,并将数据、图像信息实时传回工作人员笔记本电脑,一组组数据图谱不断生成。根据数据异常点位,工作人员精准定位、靶向排查,为进一步进行河道整治明确目标(图13.4)。

图13.4 无人监测船

来源:苏州生态环境微信公众号,https://mp.weixin.qq.com/s/HUcnc4yCMvV3rXmjuB5Xcg

② 垃圾自动收集器。苏州市河道管理处为减轻河道保洁员工作量,在平江河、中张家巷河河道试点投放垃圾自动收集器,固定漂浮在水面上的垃圾自动收集器通过上下运动产生的液位差收集树叶等水面漂浮物。河道保洁人员每天巡视,他们会用遥控器将设备暂时关闭,取出里面的网兜,倒出收集到的垃圾,再将设备恢复原样。据苏州市河道管理处工作人

员介绍，该"神器"防腐性能好，可全天运转，负责周边40平方米水域的清洁保洁，可收集约60千克的水面垃圾（图13.5）。①

③ 无人保洁船。其搭载了应急安防、智能垃圾识别及打捞、水质识别等多个系统，能定位水质坐标系，从而进行水质大数据分析。此外，该设备可实现水下水上地形一体化采集，监测河床内的暗管、障碍物，彻底改变传统水生态环境监测监管模式，使水环境治理达到智能化和无人化，并实现河道智能视觉识别，无死角清理目标水域，智能化避障。②

图 13.5　河中的垃圾自动收集器

来源：苏州新闻网，http://www.subaonet.com/2021/szms/0604/258120.shtml

（4）生态修复：促进水质可持续提升

近年来，姑苏区积极推进河道水质提升工程，实施了里双河、小河浜等6条河道生态修复项目，通过生态浮岛、水下森林等生态修复术，构建物种丰富、结构完整、功能稳定的水体生态系统，促进河流生态系统的自我修复（图13.6）。

双塔街道启动沧浪亭周边水域水质提升项目，力争重现清澈的"沧浪之水"。沧浪亭附近水域水质的主要问题在于人民路侧

图13.6　通过生态修复技术提高水体自净能力

来源：苏州生态环境微信公众号，https://mp.weixin.qq.com/s/HUcnc4yCMvV3rXmjuB5Xcg

存在一处断头浜，河水流动性差，以至于无法形成有效循环，致使污染物不断沉积，污染严重。双塔街道在断头浜的位置修复已有水瀑并设计加装

---

① 王可，居婷. 水面"飞碟"一天能"吞"垃圾60公斤［N］. 苏州日报，2021-06-04（A05）.

② 王可，居婷. 在水中能自动避让和掉头　无人保洁船亮相平江河［N］. 姑苏晚报，2021-07-04（A05）.

6处涌泉点，利用人工水流对冲装置增强这部分水域的流动性，使河水产生内部循环，从而改善污染物沉积问题。随后通过生态设备安装、水域曝气增氧和常态化管理三步走，稳步推进水质提升。①

（5）专项检查：部门协同联动克顽疾

① 开展打击废水偷排直排环境违法行为专项检查。姑苏区紧盯国省考断面水质不能稳定达标区域，全力聚焦涉水排放重点单位，通过持续开展精准"点穴式"执法，查找问题症结，依法严肃查处各类环境违法行为。在"一断面一方案"机制框架下，姑苏区污防攻坚办联合苏州市供排水管理处、苏州市水政监察支队、姑苏区住建委、苏州国家历史文化名城保护区（姑苏）生态环境局、属地街道等部门，持续开展建筑工地排水专项整治，坚决打击污水乱排的违法行为。

② 开展涉水违法行为专项整治行动。姑苏区城管委依托水域治安联勤联防工作，联合规范涉水违法行为，会同姑苏水警大队、苏州市交通运输综合行政执法支队水上执法五大队、苏州市农业综合执法支队开展涉水违法行为专项整治行动，针对环城河水域内游泳、垂钓、下地笼网鱼等各类涉水违法行为加大查处力度。同时，强化党建基石，以党建引领推动共建共治，姑苏区综合行政执法局、苏州市公安局姑苏分局水警大队、苏州市交通运输综合行政执法支队、苏州市农业综合行政执法支队相关党支部缔结成为2021—2022年度合作对子，协同发力河湖治理。②

3. 保障棋：齐力推进水岸共治

（1）拆除违建：从源头净化水环境

① 成立沿河违建排查小组。为提升沿河风貌、保障居民安全，金阊街道联合辖区综合行政执法大队、城建处、网格化联动工作站和社区等多方力量，成立沿河违建排查小组，对涉及违建的居民逐个入户走访，逐一排查问题，制定"一户一策"专项整治方案。在拆除违建的同时，为居民房屋增加支撑立柱，更换石栏杆，刷白砖墙，根据河道文化特色加装具有文化符号的门窗、挑檐等建筑构件；对于破损的埠头驳岸、危树进行稳固

---

① 王俊杰，王莉莉，周泠孜. 让"沧浪之水"更清澈 姑苏区聚力打造良好水生态环境［EB/OL］.（2021-02-28）［2022-04-20］. http://jnews.xhby.net/v3/waparticles/61/phlVodjB2m2FInQ0/1.

② 姑苏区城管委. 区城管委多措并举开展河道环境治理工作［EB/OL］.（2021-11-30）［2022-04-20］.http://www.gusu.gov.cn/gsq/c100261/202112/3c9634f023f0461190c1c065f53eeee7.shtml.

修缮，对沿河的破损道路进行重新铺设，修整加固沿河栏杆；对污水直排和开窗倾倒等违法违规行为进行监控取证，沿河建筑风貌焕然一新。[①]

② 实施道路环境提升工程。围绕改善中张家巷河道沿线整体风貌，实施中张家巷道路环境提升工程，拆除违章建筑，优化广告店招，增补景观绿化。在道路西段修建供游客休憩的凉亭，还原了古城街巷的传统风貌。河道恢复遵照"修旧如旧，保留原貌，防止建设性破坏"的宗旨，让苏州人寻回"人家尽枕河"的乡愁。[②]

(2) 多管齐下：整治改造两手共抓

① 切实制定整治改造方案。学士河的问题堪称"老大难"，学士河沿岸很多饭店把污水和油烟排放口设置于沿河外墙，直接将污水、废水排入河道，致使水体污染严重，油烟排放口四周黑乎乎，不整洁、不雅观。面对学士河沿岸污染问题，属地街道通过实地考察汇总问题清单，编绘河道污染点位示意图，报区河长办，完善"一河一策"行动方案并制定切实可行的整治方案。实施六项专项整治行动，即通过沿河直排点整治、餐饮油烟设施改造、沿河立面整治、垃圾乱堆放整治、违章搭建整治、废弃空调支架拆除，实现河里到岸上全方位治水。2021年，为进一步排除涉河重点安全隐患，实现污水处理提质增效，姑苏区在全市率先推出"333"排水问题"黄红"提醒单，为以排水户自行整治为主的"小散乱"提供工作模式。"黄单"是第一次督促提醒，要求问题户限期整改到位，如未能如期完成，则派发"红单"，并予以处罚。自"黄红"提醒单工作模式实行以来，姑苏区共发放约100份提醒单，成功督促这些顽固"钉子户"污水处理到位。

② 开展背街水巷风貌整治项目。开展姑苏区平江街道桃坞河平江西段、平门小河平江段背街水巷风貌整治项目。2021年5月，东园社区网格员在巡河时发现，北张家巷沿河驳岸上有两棵高大树木，根系茂密导致沿河驳岸部分坍塌。网格员立即上报街道河长办。街道迅速启动应急解危程序，与苏州市河道管理处、姑苏区绿化管理站共同商议，确定解危方案，10天时间未到，树木倒伐、驳岸修复均顺利完成。街道网格员主动发挥

[①] 胡毓菁，戈中耀，郑丽丽. 金阊街道推进背街水巷整治 恢复水域面积100余平方米[EB/OL]. (2021-12-07)[2022-04-20]. http://www.subaonet.com/2021/szms/1207/411678.shtml.

[②] 王可. 一河一策 刷新解危"平江速度"[EB/OL]. (2021-11-30)[2022-04-20]. https://baijiahao.baidu.com/s?id=1717857714411792758&wfr=spider&for=pc.

在群众身边工作的优势,广泛发动群众提供涉河安全隐患线索,2021年以来累计发现涉河危房8处、涉河危树86棵、存在隐患的公共设施6处。平江街道积极配合姑苏区河长办,按照"岸上建筑与河里水质同步改善、硬件环境和软件设施同步改善、人文环境和长效管理同步改善"的创新理念,用"绣花功夫"实施了桃坞河西段、平门小河背街水巷风貌整治工程。如今,桃坞河西段、平门小河背街水巷粉墙黛瓦、古朴典雅。①

③ 开展沿河环境综合整治项目。姑苏区沧浪街道对盘门内城河沿线等河道进行集中整治。2022年4月,全面启动环境提升整治项目,开展对沿河环境的综合整治,包括沿河建筑立面修缮、驳岸、护栏修缮、绿化梳理补种、增设监控、多媒体宣传栏等。"实实在在的环境改善就是给美丽的姑苏城添彩。"家住盘门新村的居民金玉玲说,她每天都在附近晨练,能看到不少游客专程来游玩。②

(3) 与民共治:有效利用民间力量

① 以河长制落实河长治。2020年5月,姑苏区河长办发布《姑苏区生态美丽河湖建设实施方案(2020—2024)》(以下简称《方案》),全力推进河道高质量管护。阊门片区将推进河长制管理作为深化"263"专项整治的重要抓手,共配备街道、社区两级河长40名,开展河道巡查工作,强化河情动态监督。遇到河道问题,河长会及时与专业人员进行沟通,切实提升河道治理效能。同时,阊门片区成立河长制工作领导小组,半年完成巡河400余次。

② 志愿者力量助力河长治。姑苏区金阊街道在开展日常巡河时发现,桐泾河、学士河沿河搭建简易棚、沿岸种植蔬菜、垃圾随意堆放等问题多发,不仅阻碍居民正常通行,更破坏周边环境。为此,街道城建处河长办牵头综合行政执法大队、社区等多部门,针对问题"把脉开方",对症下药,对居民进行教育并要求其配合整改。面对整改要求,一开始部分居民有抵触情绪,不愿意配合,街道、社区通过组织志愿者上门、开宣讲会的方式,宣传河道保护的重要性,引导涉及违规的居民配合整改。③ 平江街

---

① 姑苏区宣传部. 平江街道"修旧如旧"改善河道沿线整体风貌[EB/OL]. (2021-11-30)[2022-04-22]. http://www.gusu.gov.cn/gsq/zwyw/202111/d423643c51624da4b98b75de89fb9f3b.shtml.

② 姑苏区宣传部. 沧浪街道8条河道将换新颜[EB/OL]. (2022-06-21)[2022-04-22]. http://www.gusu.gov.cn/gsq/zwyw/202206/ef70d651249342e1865c06debaffd070.shtml.

③ 朱雪芬,戈中耀. 桐泾河"两违"整治出现回潮 河长巡河揪出问题对症下药[N]. 姑苏晚报,2019-09-01(A06).

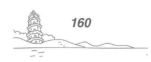

道在钮家巷社区、历史街区社区成立爱河护河志愿者队伍，定期对街区内河道开展义务巡查。虎丘街道以"推行河长制，共建生态文明"为主题，建立"清源"护河志愿队，定时开展巡河活动，重点宣传保护水环境的重要性，号召居民自觉保护生态环境（图13.7）。

③ 阊门片区整合辖

图13.7 虎丘街道护河志愿者进行河道清理
来源：网易江苏，http://js.news.163.com/22/0304/16/H1KMH9AC04249CU3.html

区资源，汇聚志愿环保力量。其中，白莲社区建立"巾帼志愿护河岗""苏娃娃护河岗""先锋行动支部护河岗"三支志愿者队伍，在白莲浜沿河种上了一排护河心愿树。① 葑门片区试点推行居民"河长助理"制，通过发动民间力量参与，呼吁全社会主动爱水、护水、惜水。每天清晨，葑门横街的居民都能见到这样一群"愚公"，他们或行走在葑门塘沿线道路上、或撑着小船在河面上拾捡垃圾，他们是横街社区第二党支部的10名老党员，在加入社区"红色先锋岗——愚公志愿服务队"后，成为横街与葑门塘的守护者。②

4. 制胜棋：加快推进文旅融合

（1）打造高品质水上游

《保护区、姑苏区水上游开发升级一年冲刺行动计划（2021年10月—2022年10月）》的发布，表明了姑苏区打造高品质水上游的决心。姑苏区重点实施水上游线提档升级工程、上塘河游线开发工程、"水上游+"融合工程三大工程，提升姑苏水上游品牌影响力。

上塘河游线串联沿线诸多景点与石路华贸中心等商业载体，游客到达

---

① 朱雪芬，王妍茹，朱丹虹．阊门片区以"河长制"推动"河长治" 一河一策精准治理27条河道［N］．苏州日报，2018-07-10（A15）．

② 向隅，史鹏英．"拆、改、管"多措并举落实河长制 葑门片区全力打造"水清、岸绿、景美"新风貌［N］．姑苏晚报，2018-06-21（B05）．

新建的上塘河江枫桥码头后,可步行前往寒山寺、枫桥景区。这一设计实现了对历史文化遗产、滨水景观风貌、水乡风俗民情、现代商业载体的"串珠成链"。①

"水上游+"融合工程将进一步围绕"水韵江南、风雅姑苏"主题旅游品牌,在"七里山塘姑苏有礼"城市礼物首发的基础上,深度挖掘古城文旅资源,重磅推出"水上游+"线路产品,提升姑苏水上游品牌影响力;设计"水上游+"旅游商品,研发一批适合在码头、游船等处销售与推广的特色文创商品,推动产品设计落地运营,形成姑苏水上游特色伴手礼品牌;打造更多古城水上游新项目,加快推进桃花坞片区、平江历史街区等区域内河道通航条件的优化完善,以新颖的水上游特色项目助力姑苏区"一中心、两高地、一典范"建设。②

(2) 大运河畔绘就繁华图景

姑苏区在大运河文化带苏州段建设中具有独特地位。近年来,姑苏区充分利用自身资源优势,主动找准定位,把大运河文化带姑苏段建设放在古城保护与发展的突出位置,努力宣传好姑苏运河文化,讲好姑苏运河故事,致力把姑苏段建设成为大运河文化带中"最最精华的一段",绘就千年运河之畔的繁华新图景。

为推动运河文化与旅游产业相融合,姑苏区组织开展"赏运河十景,绘姑苏繁华"非遗文创采风活动,围绕"江南文化""运河十景",开发3条运河主题精品旅游线路,推出一批江南文化特色旅游商品;根据市场研判与消费者需求,有针对性地研发夜间游、水上游、研学游等具有地域独特性的旅游产品③;突出"运河十景"中"姑苏六景"的打造。姑苏区金阊街道依托辖区优势,在运河文脉传承、生态保护、文旅融合三方面下足功夫。金阊街道系统摸查运河沿线及周边名人故居、重要历史地段、"非遗"文化、工业遗产、古树、古井等文化家底,建立"一迹一策"保护

---

① 胡毓菁,朱丹虹. 江苏苏州:绘就古城更新发展的"最靓景致"[EB/OL]. (2021-11-29) [2022-04-26]. http://www.subaonet.com/2021/xwzt/xsdxzwxpz/xsdxzwxpz_xzw/1129/406474.shtml.

② 郑楚豫. "水韵江南 风雅姑苏"——上塘河水上游项目启动[EB/OL]. (2021-10-25) [2022-04-26]. http://js.cnr.cn/qxlb/20211025/t20211025_525642378.shtml.

③ 姑苏区教体文旅委. 打造城景一体、文旅融合的全域旅游姑苏模式[EB/OL]. (2021-03-25) [2022-04-26]. http://wglj.suzhou.gov.cn/szwhgdhlyj/gzdt/202103/566513cbc17e4663b9992f6bd149bb73.shtml.

机制;串联运河沿线文化遗迹,打造"阊门十景""红色铁铃关""中街探幽"等3条"文旅一站式"微旅游路线;以大运河文化带建设为契机,推出"阊门寻根"文旅线路,进一步促进文旅融合。①

结　语

1. 以水系情:深掘历史河道的文化内涵与功能价值,延续千年水城格局

姑苏区秉持"修旧如旧"的原则进行河道修复,基本复原了20世纪50年代中张家巷河的原貌,更通过河道修复,挖掘其背后的文化内涵与功能价值。中张家巷河的修复,不仅联通水系,使水上交通成为较佳游览方式,更有效串联沿线文化景点,有利于盘活旅游资源,繁荣夜间经济。中张家巷河的重生,不仅是对苏州河道历史原貌的恢复,更是对千年水城格局的延续和保护。苏州文史学者徐刚毅说,苏州的珍贵就在于水陆相邻、河街并行,把河道按照"老苏州"的样子恢复起来,让河道的水更清、景更美是苏州古城保护的应有之义。水乡文化是苏州文化的根,恢复中张家巷河的意义早已超越河道本身,而是突出体现了整个苏州对传承水文化的重视。以水系情,维系的是这座城市的根与魂。

2. 以水护城:通过水岸同治的方式恢复水巷传统风貌,维护生态人文环境

在"岸上建筑与河里水质同步改善、硬件环境和软件设施同步改善、人文环境和长效管理同步改善"的理念下,姑苏区聘请专业设计单位进行高质量河道建设5年规划,对古城区河道的改造内容、时序和风格进行了总体设想和谋篇布局。同时,以建设生态美丽河道为核心,持续改善河道水网功能、提高滨水空间品质、整治沿街水巷风貌、动员多方力量多措并举实行水岸同治,在彰显姑苏特色的同时,让沿河居民受益。为再现"水流其畅、两岸呈绿"的水乡风貌,姑苏区持续优化与维护生态人文环境,为建设兼具水乡特色和历史底蕴的现代化城市提供良好的环境优势与资源优势。

3. 以水为媒:文旅融合推动文化产业发展,助力打响江南文化品牌

为找寻江南文化精神基因,重塑江南文化核心地位,作为江南文化核

---

① 朱雪芬,朱丹虹. "首善金阊"让民生有温度幸福有质感[N]. 苏州日报,2021-01-06(A11).

心区的姑苏区围绕打响江南文化品牌，推动文旅深度融合，保障文化产业持续、健康、高效发展。实现多点突破，实施三大工程，综合提升姑苏水上游品牌影响力；将河道风貌打造与"运河十景"建设相融合，突显"运河十景"中"姑苏六景"的打造；通过项目、活动、流线、体验设计的深度开发，深入人们日常生活，深描文化底色，实现"以文化人，以艺养心"的流程再造，提高文化及旅游供给质量，更好地满足大众心理需求和价值体验。

案例 14
众人的垃圾众人分
——虎丘街道环境治理的创新探索

2020年3月,中共中央办公厅和国务院办公厅印发的《关于构建现代环境治理体系的指导意见》要求落实各类主体责任,提高市场主体和公众参与的积极性,形成导向清晰、决策科学、执行有力、激励有效、多元参与、良性互动的环境治理体系。"多元共治"已成为党和国家构建现代环境治理体系的重要思想。党的十九大报告强调,要构建政府为主导、企业为主体、社会组织和公众共同参与的环境治理体系。党的十九届五中全会进一步提出,应深入实施可持续发展战略,完善生态文明领域统筹协调机制,构建生态文明体系,促进经济社会发展全面绿色转型,建设人与自然和谐共生的现代化。[1] 要加快推动绿色低碳发展,持续改善环境质量,提升生态系统质量和稳定性,全面提高资源利用效率。城市生活垃圾分类工作是当前中国推进城市环境治理的重要举措,也是构建多元共治的现代环境治理体系和实施可持续发展战略的重要试验田。[2]

2018年,习近平总书记的一句"垃圾分类工作就是新时尚"在互联网上刷屏,成为网络热语。2019年6月3日,习近平总书记对垃圾分类工作作出重要指示,强调"实行垃圾分类,关系广大人民群众生活环境,关系节约使用资源,也是社会文明水平的一个重要体现"。生活垃圾治理既是城市基层社会治理的重要领域,也是治理的痛点和难点。政府、市场、社会多维协同,公众广泛参与,培养垃圾分类的好习惯,实现垃圾回收再利用,推动生活环境的改善与绿色可持续发展目标的实现,一直是我国城市环境治理努力的方向。苏州作为全国首批26个生活垃圾分类示范城市

---

[1] 叶海涛. 习近平生态文明思想的逻辑体系研究——基于党的十八大以来生态文明建设的实践与理论 [J]. 哲学研究, 2022 (8): 5-13.

[2] 文宏, 林仁镇. 多元如何共治:新时代基层社会治理共同体构建的现实图景——基于东莞市横沥镇的考察 [J]. 理论探讨, 2022 (1): 62-69.

之一,是继上海之后第二批颁布生活垃圾分类管理条例的城市。在2021年住建部46个重点城市生活垃圾分类考评中,苏州市持续保持重点城市第一档,位列地级市第一,超过北京、深圳、重庆等城市。以苏州为样本,深入挖掘、总结其垃圾治理的成功经验,不仅有利于发挥好苏州"优等生"的榜样力量,也能增强苏州"优等生"自己参与垃圾分类的责任感和荣誉感,从而更好巩固垃圾分类的成果,提升城市环境治理绩效。

一、垃圾分类有妙招:一位"城管妈妈"的成功跨界

"小鹿姐姐拍微电影啦,支持!""小鹿姐姐穿城管制服的样子真飒。"2021年9月4日,姑苏区虎丘街道综合行政执法大队执法人员陆燕萍的微信朋友圈被这样的评论刷屏。"小鹿姐姐"是陆燕萍的网名,她曾参与拍摄《我的网红妈妈》微电影。该片讲述了一位城管执法人员因创新宣传垃圾分类在网络上走红,成为儿子引以为豪的偶像的故事,受到了很多人的关注和好评,也改变了"城管"在不少人心目中的"固有"形象。其实,这已经不是"小鹿姐姐"的第一次跨界,从2020年开始,陆燕萍就尝试通过直播、录制歌曲、设计文创等形式宣传垃圾分类工作。2021年3月,她还成了苏报"新闻代言人"。

1. "斜杠青年"——让工作和生活更充实有趣

陆燕萍出生于1991年,生来是一个充满活力和正能量的人。她是姑苏区虎丘街道综合行政执法大队队员,专门为宣传垃圾分类注册抖音号、做主播,推出"倷是撒个垃圾——小鹿姐姐来哉!"系列直播活动;零基础参加垃圾分类海报设计大赛,动员全家共同出谋划策完成作品并获得奖项;把垃圾分类主题小品演成"网红",邀约接到"手软"。此外,陆燕萍还是苏州市理论宣讲名师、苏州市"百姓名嘴"。2021年3月,"小鹿姐姐"陆燕萍还两次以"新闻代言人"的身份在"38楼全视野——我的新闻你代言"栏目中露脸,大方的谈吐、生动的讲解、专业的表现,让不少网友印象深刻。

"大家都说我的身份很多,其实就是因为我比较敢于尝试各种新的可能性。"陆燕萍介绍,这次拍摄《我的网红妈妈》微电影,灵感就起源于她自己,她既是妈妈又是城管执法人员。为体现"城管妈妈们"兼顾垃圾分类和家庭的不容易,她就想到以自己为原型拍摄一部微电影,展示给更多的人看。从写脚本、联系拍摄团队、参与拍摄、参与剪辑到最后上传

"学习强国"平台,陆燕萍全程参与。"这个微电影虽然只有6分钟长,但我前后大概花了一个月的时间来做。过程很累,结果很满意。"陆燕萍说。

2. 不断"充电"——用喜闻乐见的形式做好工作

持有多重的身份就要求掌握不同领域的知识。为此,陆燕萍在不断学习。"我原来的专业是行政管理,对拍微电影一窍不通,所以基本就是从零开始。"陆燕萍说。在有了拍摄微电影的想法后,她立马到网上找教写脚本的视频学习,同时她还多次请教广告策划公司的文案专员。在后续的拍摄中,她也是全程跟着摄像师学习拍摄。"技多不压身,学多点没关系,以后总归会用到呢。"这是陆燕萍挂在嘴上的"口头禅"。

除了写文案、拍摄视频、做"新闻代言人"之外,陆燕萍始终紧跟形势需要,采用群众喜闻乐见的形式做好本职工作。2021年8月初,姑苏区在山塘北片试点街巷推行垃圾分类,执法大队给山塘北片的巷子里配备了一台厨余垃圾流动收运小车,小车上可以播放宣传音频。此时,考虑到山塘北片街巷里的本地老人比较多,为了让宣传音频更加深入人心,陆燕萍想到用苏州话和苏州评弹两种形式的音频宣传垃圾分类。

作为苏州"小娘鱼",陆燕萍对苏州话自然是熟练掌握,但是学习评弹不是件容易的事儿。"当时,她在办公室没事就要唱两句评弹,下班了还要到录音棚学习录音,我们都说她简直一人三用。"执法人员陈宇超说,播放着陆燕萍录制的"双语"音频的宣传流动收运车在街巷投入使用后,居民们都很喜欢,配合后来的新闻报道,宣传效果特别好。

3. 创建个人IP——做垃圾分类的形象代言人

做直播、录歌曲、做"新闻代言人",做这么多看似工作之外的事情,陆燕萍有自己的"小心思"。"其实我就是想通过多渠道全方位展现执法人员的形象,拉近执法人员和群众之间的距离。"陆燕萍说。在从事城管工作之前,她就了解到这份职业的艰辛,进入执法大队后,她更是深有体会。"有些队员外出开展拆除、清摊等工作,当事人经常不理解,有些还会恶语相向。有时外出开展政策宣传,也有人会说是表面工作。"

2020年,陆燕萍看到了南京的一位城管小姐姐用无人机喊话,劝阻游客不文明行为的视频。视频里诙谐的语言和搞笑的语调给了她灵感。当时,她就自己拍摄了两段关于垃圾分类的趣味视频,在外出宣传时播放,同时也上传到了"小鹿姐姐"抖音账号上,效果尤其明显。"那一次就涨粉 200 多，后来我就逐步开辟了其他渠道，街道文化站的同事还说要帮我打造个人 IP。"陆燕萍说，对于她自己来说，只要是能帮助开展工作、有利于塑造执法人员的良好形象、拉近与群众之间的距离的事，她都愿意做，目前她也在围绕"小鹿姐姐"这个 IP 策划更多的展现形式，让它有一定的延续性和辨识度。事实上，陆燕萍的努力也有了成效。这段时间，陆燕萍和执法人员外出执勤时，看过她视频、听过她歌的市民群众一眼就能认出她，并主动向她请教垃圾分类"新知识"。

虽然一线执法人员或基层社会工作者在城市管理中发挥着重要作用，但长期以来，总有人因为对执法工作或社区工作不了解而产生一些误解。基层工作人员在外做政策宣传时，会被部分人理解为"做做表面功夫"，而执法时又可能会遭到当事人的恶语相向甚至暴力反抗。苦口婆心和一丝不苟，似乎都可能被误读出相反的意思。尤其是在垃圾分类政策的推行中遭受的阻力可能更大，由于要打破居民长时间形成的生活习惯，甚至改变人们平常生活工作的节奏，因此有部分民众并不支持与认同。有鉴于此，基层工作者必须学会展示自己，树立正面形象。以"小鹿妈妈"为例，无论是做直播、录歌曲还是做"新闻代言人"，这些看似工作之外的事情，其实都是在多渠道、全方位展现基层工作人员的形象，拉近和群众之间的距离。这既是网络时代的沟通艺术，更是新时代做好群众工作的必备技能。紧贴时代变化，利用群众喜闻乐见的形式做好本职工作的宣传，必然能够收获更多的理解与赞许，从而更有利于开展工作，更好地为人民群众服务。

二、"众人的垃圾众人分"：垃圾分类的苏州样板经验

这是一个指尖习惯的改变，一次新时尚的引领，一场生活方式的变革。自 2020 年 6 月 1 日《苏州市生活垃圾分类管理条例》施行以来，垃圾分类这件"关键小事"在苏城掀起了一场声势浩大的文明大提升。从 2012 年率先开展试点，到全面进入垃圾分类"强制时代"①，从细化推进、普遍认同，到全民参与、形成自觉，苏州始终将垃圾分类工作作为提升社会治理能力的标杆，垃圾分类的践行路径越走越清晰。在全域、全链条推进垃圾分类工作的过程中，苏州正从"代表城市"向"样板城市"跃升。

---

① 范文宇，薛立强. 历次生活垃圾分类为何收效甚微——兼论强制分类时代下的制度构建[J]. 探索与争鸣，2019（8）：150-159.

在苏城这场声势浩大的"指尖文明"行动中，虎丘街道垃圾分类工作成绩亮眼。近年来，虎丘街道始终牢记习近平总书记以人民为中心的发展思想，认真落实"城市管理应该像绣花一样精细"的工作要求，坚持把人民群众的利益摆在第一位，以人民群众满意率为标尺，以文明城市创建为动力，积极探索背街小巷垃圾分类新模式，主动提档升级小区内垃圾亭房设施，加大执法力度全力保障五类区域垃圾分类全覆盖等，真正做到了"众人的垃圾众人分"，让城市更有风度，让人民更能感受到温度。

1. "众执"——制度先行执行保障

垃圾分类是场硬仗、持久战，如何打好这场战役，需要决策者、管理层制定好一套行之有效的作战方案。随着《苏州市生活垃圾分类管理条例》（以下简称《条例》）的实施，虎丘街道在苏州市、姑苏区的指导与支持下，推行了一套卓有成效的章法，为《条例》有效落地明确了更为具体的"作战图"。

首先，街道建立垃圾分类工作专班，高位推动生活垃圾分类工作，全面做好社区、住宅小区开展垃圾分类"三定一督"（定时、定点、定人督导）工作业务指导、日常督查和考核，并高标准推行垃圾分类的门槛"三评估、六到位"六字诀，即评估收运处理能力是否匹配、评估基层组织力是否满足、评估群众接受力是否足够，要求在推进工作中群众沟通到位、投放设施到位、督导人员到位、巡查机制到位、收运队伍到位、投诉公示到位。街道综合行政执法大队网格执法人员积极参与垃圾分类"三定一督"工作，坚持每日打卡晒图，对检查中发现的不按规定执行的行为进行教育整改，加大辖区居民、商户未按规定分类投放生活垃圾等行为的查处力度，助力垃圾分类工作。

其次，为了实现美化成效的常态保持，街道综合行政执法大队先行探索建立了"四大员"制度，穿针引线地把执法队员、市容员、保洁员、网格员等四类人员编织成一个强大的组织网络，组成了多支百人队伍，针对街巷包括垃圾分类在内的环境问题开展了多次集中清扫、整治，畅通巡查过程中发现问题—逐级报告—现场调查—妥善处置—及时反馈的"闭环运转"渠道，对矛盾隐患早发现、早介入、早处置、早化解，提升街巷环境精细化、常态化管理水平。

最后，"市、区、街道、社区、小区"五级检查考核"红灰榜"公布机制成为垃圾分类工作推进过程中的"利器"。通过引入"红黑榜"制度,街道建立网格联动工作站排行榜单、保洁公司排行榜单、突出问题街巷榜单这 3 张榜单,有力助推了精细化管理与提质增效。"红黑榜"对解决街巷市容环境问题是一项倒逼机制,榜单的评选过程也是监督过程。在榜单公布后,相关单位不仅会面临约谈问责,更会面对群众的严格监督。"红黑榜"制度的推行有助于真正构建城市环境"大家管"的良好格局。

2. "众志"——多方参与引领风尚

垃圾分类是一项系统工程,需要政府、企业、社区等各方面协同推进,虎丘街道始终发挥党建引领的先锋模范作用,绘出垃圾分类的最大同心圆。

虎丘街道一直以来坚持把党建工作与垃圾分类重点工作结合起来,一起谋划、一起部署、一起推进。街道充分发挥街道"大工委"、社区"大党委"作用,广泛发动机关党员干部、共建单位、行动支部、环卫力量参与垃圾分类行动,成立虎丘志愿服务队、环境治理攻坚队、党员先锋突击队 3 支队伍,掀起行动热潮。仅 2020 年下半年,市级机关的党员就已经陆续加入了街道各个挂钩联系社区的垃圾分类志愿者队伍,半年时间已开展志愿服务 125 场次、2 100 人次,累计服务时长达 52 000 小时。专门针对垃圾分类工作组织成立的志愿者服务队——红色分达队伍约 600 人,已成为垃圾分类工作推进中一道红色风景线。同时,虎丘街道通过挂钩结对、开展主题党日活动、街巷大扫除等形式,对街巷进行经常性清扫保洁;联系苏州科技大学设计院,对辖区街巷进行实地勘察、梳理、摸底,以属地特色文化为着力点,因地制宜制定出具有可操作性的街巷改造方案,进一步疏通城市"毛细血管",为垃圾分类工作的推进保驾护航。

此外,为推进垃圾分类工作,街道也发挥网格内党建引领作用,组织发动社区党员、网格员、物业公司等多方力量共同参与垃圾分类志愿服务。垃圾分类试点期间,各社区对接的共建单位姑苏区古城保护委员会等部门主动每周安排 4 名志愿者,苏州市地下管线和道路停车管理所等部门每周安排 2 名志愿者,协助参与垃圾分类点的志愿工作,与辖区居民共同争做垃圾分类宣传员、示范员、指导员、监督员。虎丘街道成立 7 支志愿者队伍,统一发放积分管理手册。机关党员志愿者身穿红色马甲,到社区网格报到,参加网格志愿服务,通过"一册一甲一网"推进机关党员志愿服务常态化。

虎阜社区的江祥华是一名老党员,社区居民总爱称她"江大姐"。江祥华虽肢体残疾四级，但她天性乐观，以身作则，积极应对垃圾分类工作中的各种问题。"我已经退休了，想用空闲时间给社区里做点事。垃圾分类是好事情，我要发挥自己的余热，我现在在虎阜社区担任垃圾分类督导员。"江祥华笑着说。江祥华是社区书记的好帮手，也是虎阜社区志愿者队伍的总领队，她主导成立虎阜社区"凝心护绿队"垃圾分类志愿者队伍，从2019年4月开始开展垃圾分类工作，每天巡查并指导小区的垃圾分类工作，耐心给居民讲解垃圾分类知识，帮助居民树立垃圾分类意识，并带领家人一同参与其中，尽职尽责起到好的带头作用。江阿姨放弃了颐养天年的居家养老生活，用行动诠释社区副网格长的担当与责任。

3. "众治"——多领域严管共谋共建

垃圾分类的推行实施需要多领域、多行业齐抓共管，不能将目光仅停留在居民生活小区，小区周边的商户、市场，尤其是人口流量大的旅游景区更要严格要求，要在设施建设配置标准、构建志愿服务工作体系、推动源头减量工作开展等方面全面推行垃圾分类工作。

2020年6月5日，虎丘街道综合行政执法人员在山塘街发现有3家餐饮店把厨余垃圾和其他垃圾混放在一起，当即对这3家商户进行行政处罚，各处罚金50元。这也是虎丘街道对辖区商家因垃圾分类不当进行的首次罚款。

在虎丘街道实施《苏州市生活垃圾分类管理条例》之初，街道综合行政执法大队、各社区网格员便逐户上门与商家更新签订"姑苏区市容环卫责任书"，着重强调了这一年较往年多出的一项垃圾分类责任，帮助商家提高认识，同时还向商家发放公益垃圾袋、垃圾桶、宣传册，提高商家的响应率，鼓励商家与消费者共同推动垃圾分类工作的开展。针对未按照规定分类投放生活垃圾的商户做到"执法必严，违法必究"，每月开展餐饮店铺、生鲜超市、汽修行业垃圾分类专项检查，对于未做好规范，存在厨余垃圾、其他垃圾混投的情况，执法人员当即开具责令改正通知书，要求当事人立即整改。

街道也重点做好背街小巷特别是山塘景区周边垃圾分类全覆盖，在该区域试行流动点位加固定点位定时投放的模式，针对山塘主街沿街商户垃圾量少、交通受限等实际情况，探索厨余垃圾上门收运的模式，并在周边建设垃圾桶归集点，协调苏州市姑苏清洁服务公司、水发鲁控环保科技（苏州）有限公司、沿街商户签订垃圾上门回收协议，形成上门分类投放、收运加集中分类清运、处置的系统全覆盖。

此外，全市包括市文旅广局、市机关事务局、市教育局、市卫健委等部门也开展行业督查评价。街道综合行政执法大队严格遵守《关于苏州市旅馆业垃圾减量的实施意见》，认真督查街道内酒店是否落实"苏州市旅游业不主动提供的一次性日用品目录"，并组织街道内星级酒店集中学习，以酒店之间互相检查的方式提升行业整体执行质效。街道也力促党政机关、学校、医院等开展垃圾分类工作，在街道内发动机关单位、团委、妇联等部门开展志愿服务活动，邮政、物流、城投、城建等部门也制定了再生资源利用方案及行业减量措施，推动生活垃圾源头减量。

4."众智"——因地制宜个性施策

在推行垃圾分类过程中，虎丘街道因地制宜，科学谋划，高质量做好"规定动作"，高标准谋划"自选动作"，积极探索垃圾分类新模式、新经验。

一方面，做好"三定一督"小区的清洁屋等投放点设施的选址建设，这是苏州垃圾分类工作中的重要一环。而在前期"三定一督"小区建设过程中，各小区实际情况不同，居民观念和意见不一，清洁屋"邻避效应"常见。"凭什么放在我家门口""距离太远，丢垃圾太不方便了""公示时间太短，都没注意到"等声音常常出现在各大投诉平台上。虎丘街道根据《苏州市居民小区生活垃圾分类收集设施建设指导意见》中"便于投放、利于收运、益于环境"的总体要求，在参照标准的基础上，推行"一地一策""一小区一模式"，以灵活变通、因地制宜的方式，巧推设施建设落地。如一些小区本身设有一定面积的建筑垃圾临时堆放点，便将原来的建筑垃圾临时堆放点一分为二，辟出一半建造清洁屋，与居民楼保持较远距离；启用垃圾分类摇铃收运车（图14.1），收运车定时定点进小区；对于一些地下一层停车区域附近有空间的小区，探索在负一楼通风较

图14.1 垃圾分类摇铃收运车

来源：搜狐网，https://www.sohu.com/a/496716389_121123523

好的公共区域设置清洁屋,及时清理垃圾、祛除异味等。

据悉,虎丘街道以山塘北片为试点,以便民为目的,将永于弄公厕旁的闲置用房变身为垃圾分类投放点位,建造了崭新的垃圾分类亭。除了固定投放点位外,虎丘街道结合辖区街巷特色,对位于山塘南片的背街小巷推出"摇铃收运、定时投放、流动收运"模式,垃圾分类督导员定时开着时尚"摇铃车"走街串巷,分类运转让"垃圾不落地"。利用"固定式""流动式""值守服务式"等多种垃圾投放新模式,既能保证居民的垃圾有地儿扔,又能保证垃圾分类督导员"人盯桶",垃圾分类打起了有效投放"组合拳"。

另一方面,虎丘街道将微信朋友圈风靡的"集赞"方式运用到垃圾分类上,把"集赞"送礼搬进社区大院,力促垃圾分类处理"全民化"。只要是正确完成投放的居民,每次都将获得一枚"点赞"印章,并将统一进行"点赞数"兑换,集满一定数量即可获赠奖品。而在一个月内表现出色的单元楼,将获得流动锦旗以示鼓励。虎丘街道清塘社区推出的这一"集赞存折"激励机制,引发了全社区居民的关注,大家纷纷参与其中,每户人家都领取了一本"集赞存折"。在"集赞"过程中,虎丘街道通过寓教于乐的方式,引导居民养成分类投放垃圾的习惯,从"要我分类"变为"我要分类"。

5. "众知"——时髦花样"土味"宣传

"你爱我我爱你,垃圾分类分干净。你爱我我爱你,我们生活甜蜜蜜……"在姑苏区山塘街北面的巷子里,一辆绿色的垃圾收运小车来回穿梭。小车自带网红歌曲,还能用苏州方言和评弹循环播报垃圾分类的宣传口号。原来,这是虎丘街道在山塘北片街巷推出的厨余垃圾"音乐专线"。为提升垃圾分类知识宣传效果,除了改编网红歌曲外,执法人员还设计了苏州方言和评弹版的宣传口号,力图让垃圾分类知识在居民和游客心中都能产生好的宣传效果。此外,执法人员根据不同区域居民数量的多少,为厨余垃圾移动收运车设计了线路及停靠点位。移动收运车会在街巷中慢慢行驶,人比较多的地方就停一会儿,车上的垃圾分类督导员会通过现场指导提升宣传效率和分类准确率。

自垃圾分类推行以来,各地"线上+线下"宣导不断翻新花样,发挥微信公众号、网站、抖音等多个媒体平台的作用,通过开发垃圾分类小程序、发布垃圾分类IP形象、制作垃圾分类动画、举办垃圾分类短视频大赛和海报设计大赛等活动，吸引市民参与。在苏州，垃圾分类新时尚正以最"时髦"的宣传方式在市民中掀起热潮。

除了前文提及的活跃在一线的山塘片区综合行政执法大队队员陆燕萍之外，还有苏州市"小蜜蜂"垃圾分类宣讲团讲师、上海评弹团青年演员徐伟东以"吃播"的方式，共话垃圾分类治理文明。在"38楼全视野——我的新闻你代言"节目里，徐伟东与陆燕萍搭档，在糖粥、肉骨烧、螺蛳、奶茶等特色美食中，一路吃一路逛，一路科普一路解答，日常生活中搞不懂的垃圾分类难题在他们的"逛吃"中迎刃而解。这场"吃播"让人们更生动形象地了解到正确的垃圾分类知识。此外，徐伟东与陆燕萍还带领直播观众来到姑苏区有机垃圾综合处理中心，走进姑苏区规模最大、处理能力最强的厨余垃圾处置项目操作一线，近距离探访厨余垃圾进入终端后实现无害化处置的全过程，实地探秘生活垃圾的"重生"之旅。这种近距离的接触使观众真切地感受到自己所做的垃圾分类的努力是有意义的，从而提升了他们对于垃圾分类的认同感与积极性。同样，活跃在垃圾分类"时尚圈"的胡建荣一家一起为儿子所在幼儿园送上了一份与垃圾分类有关的特别礼物——一条父子搭档录制的垃圾分类主题微视频。这份礼物如今已经成为幼儿园里专属的垃圾分类宣教素材，小朋友们纷纷从中学会了正确的垃圾分类知识，成为垃圾分类"小能手"。

"花式"宣传"达人"带众人，在苏城的大街小巷，每天活跃着大批"徐伟东""陆燕萍""胡建荣"，这些环保"潮人"带着共同的标签，热心、巧心传播着苏州垃圾分类绿色文化。

结　语

当前，苏州市生态文明建设正在稳步进行，垃圾分类攻坚战还远没有结束，部分社区的垃圾分类政策依然没有完全"落地"，其中的原因或是宣传不到位，或是执法监督不给力，抑或是人们都会不自觉地将自己的利益最大化，思想认同但行动不一致。基于已有的实践经验，苏州市仍要从多方面提升垃圾分类的精细化、常态化水平，构建垃圾分类的环境治理共同体，刻画"人人有责、人人尽责、人人享有"的现实图景。政府方面不仅要大力调动居民的积极性，通过社会文化倡导绿色文化，还要提升自身的执行力，完善垃圾分类制度，引导社会力量如社区、物业、第三方组织等共同推动垃圾分类；社区方面要引导物业积极进行垃圾分类，提高垃圾分类的实际水平，并给予物业一些激励措施；居民方面应积极主动提升自己的垃圾分类意识和垃圾分类参与度。[①] 只有推进垃圾分类多元共治，才能奏响美丽生态城市的乐章，真正实现"众人的垃圾众人分"。

[①] 徐岩，陈那波. 合作治理如何可能？——基于 A 市的垃圾治理案例［J］. 开放时代，2022（5）：125-139.